Arcángel Rafael

Conexión con el Ángel de la Curación

© Copyright 2024

Todos los derechos reservados. Ninguna parte de este libro puede ser reproducida de ninguna forma sin el permiso escrito del autor. Los revisores pueden citar breves pasajes en las reseñas.

Descargo de responsabilidad: Ninguna parte de esta publicación puede ser reproducida o transmitida de ninguna forma o por ningún medio, mecánico o electrónico, incluyendo fotocopias o grabaciones, o por ningún sistema de almacenamiento y recuperación de información, o transmitida por correo electrónico sin permiso escrito del editor.

Si bien se ha hecho todo lo posible por verificar la información proporcionada en esta publicación, ni el autor ni el editor asumen responsabilidad alguna por los errores, omisiones o interpretaciones contrarias al tema aquí tratado.

Este libro es solo para fines de entretenimiento. Las opiniones expresadas son únicamente las del autor y no deben tomarse como instrucciones u órdenes de expertos. El lector es responsable de sus propias acciones.

La adhesión a todas las leyes y regulaciones aplicables, incluyendo las leyes internacionales, federales, estatales y locales que rigen la concesión de licencias profesionales, las prácticas comerciales, la publicidad y todos los demás aspectos de la realización de negocios en los EE. UU., Canadá, Reino Unido o cualquier otra jurisdicción es responsabilidad exclusiva del comprador o del lector.

Ni el autor ni el editor asumen responsabilidad alguna en nombre del comprador o lector de estos materiales. Cualquier desaire percibido de cualquier individuo u organización es puramente involuntario.

Su regalo gratuito

¡Gracias por descargar este libro! Si desea aprender más acerca de varios temas de espiritualidad, entonces únase a la comunidad de Mari Silva y obtenga el MP3 de meditación guiada para despertar su tercer ojo. Este MP3 de meditación guiada está diseñado para abrir y fortalecer el tercer ojo para que pueda experimentar un estado superior de conciencia.

https://livetolearn.lpages.co/mari-silva-third-eye-meditation-mp3-spanish/

¡O escanee el código QR!

Índice

INTRODUCCIÓN 1
CAPÍTULO UNO: ¿QUIÉN ES EL ARCÁNGEL RAFAEL? 3
CAPÍTULO DOS: CUÁNDO Y CÓMO INVOCAR AL ARCÁNGEL RAFAEL 11
CAPÍTULO TRES: SEÑALES DE QUE EL ARCÁNGEL RAFAEL ESTÁ PRESENTE 23
CAPÍTULO CUATRO: SANAR LOS PENSAMIENTOS Y EMOCIONES NEGATIVAS 32
CAPÍTULO CINCO: SANANDO RELACIONES Y MATRIMONIOS 44
CAPÍTULO SEIS: SANANDO EL CUERPO FÍSICO 54
CAPÍTULO SIETE: REIKI ANGELICAL 65
CAPÍTULO OCHO: SANACIÓN PARA SANADORES 77
CAPÍTULO NUEVE: RITUALES CREATIVOS 84
CONCLUSIÓN 92
HOJA DE CORRESPONDENCIAS 94
VEA MÁS LIBROS ESCRITOS POR MARI SILVA 96
SU REGALO GRATUITO 97
REFERENCIAS 98
FUENTES DE IMAGENES 100

Introducción

En este mundo hay más de lo que parece. Y si alguna vez te has preguntado cómo puedes aprovechar ese «más», descubrirás que no hay mejor manera que hacerlo con la ayuda de un ser celestial. *Pero no cualquier ser celes*tial. Este libro trata sobre el arcángel Rafael, el sanador de todos los sanadores, que te trae relaciones amorosas y creatividad infinita.

En estas páginas descubrirás el mundo místico de Rafael. Aprenderás que apenas has arañado la superficie de lo buenas que pueden llegar a ser las cosas para ti en lo que respecta a tu salud, relaciones y creatividad.

A medida que avances en cada página y capítulo, aprenderás todo sobre el poder que no has aprovechado hasta este momento de tu vida. El velo del mundo celestial comenzará a levantarse, y descubrirás todas las bendiciones que han estado esperándote, accesibles a través de una relación con el arcángel Rafael.

A diferencia de otros libros sobre este tema, éste te resultará muy fácil de leer y comprender. Tanto si eres principiante en el trabajo con seres celestiales como si has estado trabajando con otros que no sean Rafael, encontrarás todo lo que necesitas en este libro. Está repleto de instrucciones prácticas y métodos desglosados paso a paso para que nunca te sientas perdido cuando conectes con el arcángel Rafael.

¿Estás preparado para dejar que Rafael te guíe a través de las profundidades de tu imaginación y subconsciente hacia la vida que siempre has deseado en cuanto a salud, relaciones e inspiración? Este libro es definitivamente para ti. Así que, si estás listo para que tu vida sea transformada por la luz verde esmeralda de Rafael, adelante y sumérgete en el primer capítulo.

Capítulo uno: ¿Quién es el arcángel Rafael?

¿Quién es el arcángel Rafael?

El arcángel Rafael es conocido como la Medicina de Dios. Según el Zohar, este Arcángel tiene una tarea principal: Sanar a la humanidad y a la tierra misma. «Rafael» significa «Dios cura» o «Dios ha curado», y también se lo conoce como el «médico divino» y el ángel guardián de todos. Tanto si tus problemas son espirituales, mentales, físicos o emocionales, puedes confiar en Rafael para que te cure. Este arcángel se dio a conocer a la humanidad a

Una representación del arcángel Rafael[1]

través del Libro de Tobit y el primer libro de Enoc. Muchas historias antiguas y nuevas hablan de los poderes curativos de este ser angelical. Después de que el «padre de todas las naciones», Abraham, fuera circuncidado, el arcángel Rafael lo curó. Cuando Jacob se dislocó la cadera luchando con un ángel, Rafael se la colocó en su sitio.

Rafael, según Tobit

Tobit era conocido como un hombre justo y digno de confianza. Todos estaban de acuerdo en que siempre hacía lo correcto. Era devoto de Dios y se esforzaba por ayudar a los demás siempre que podía. Estaba casado con Ana y tenían un hijo, Tobías. Tobit nunca se apartó de su fe en Dios. Sin embargo, pronto sería esa la razón de su perdición. Para muchos, su bondad era demasiado buena para ser verdad. Tobit recibía amenazas de muerte y, además, le quitaron todo lo que tenía. Era la época en que la mayoría de los judíos habían sido capturados y retenidos en Nínive. El malvado rey Senaquerib se negó rotundamente a permitirles presentar sus respetos a los que habían perdido y enterrarlos como es debido. No mucha gente pudo hacer frente a la insensibilidad de Senaquerib, pero Tobit fue uno de los que lo hicieron. Hizo todo lo posible por enterrar a los muertos en secreto.

Una noche, cuando Tobit estaba a punto de cenar, le informaron de que había que enterrar un cadáver. A estas alturas, el hombre tenía *cincuenta años*. No obstante, se levantó y fue a ayudar.

Según la tradición, manipular un cadáver significaba contaminarse, por lo que no pudo continuar con su comida. En lugar de eso, pasó la noche en su patio, durmiendo junto a la pared, donde se posaban algunos gorriones; poco sabía que esto lo llevaría al desastre. Mientras dormía, tenía la cara descubierta y le cayó excremento de pájaro en los ojos. Cuando se despertó, estaba ciego. No importaba a quién acudiera, nadie podía curarlo. La ceguera le impidió ganar dinero y Anna se vio obligada a mantener a su familia.

Con el tiempo, la condición de Tobit le causó mucha vergüenza y sentimientos de tristeza. Al cabo de ocho años, estaba tan cansado de vivir así, que rezó pidiendo la muerte. Al mismo tiempo, otra persona rezaba por lo mismo. La otra oración era de Sara, la hija de Raguel, quien había enviudado siete veces porque el demonio Asmodeo seguía matando a su marido antes de que pudieran consumar su matrimonio. Dios decidió mostrar misericordia enviando a Rafael para responder a las oraciones de Sara y Tobit.

Mientras Tobit esperaba la muerte, se aseguró de que todo estuviera en orden antes de que ocurriera. Hizo que Tobías fuera a Media en busca del dinero que un socio, Gabriel, le debía. Aquel era un viaje peligroso, así que le indicó a Tobías que viajara con alguien que lo mantuviera a salvo, prometiéndole pagarle por las molestias. Su compañero de viaje sería Azarías, un pariente lejano. Tobías no sabía que Azarias era, en realidad, Rafael disfrazado de humano. Tobit tampoco tenía ni idea. Simplemente le deseó lo mejor a su hijo y se despidió de él.

La primera noche de su viaje, Tobías y Azarías se detuvieron junto al río Tigris para acampar. El viaje era largo, así que Tobías fue a lavarse al río y, mientras lo hacía, vio un enorme pez. Rafael le pidió a Tobías que pescara el pez y le sacara la vesícula biliar, el hígado y el corazón. Cocinaron el pescado para la cena y, mientras comían, Tobías se preguntó para qué necesitaba su compañero de viaje los órganos del pez. Azarías afirmó que con el hígado y el corazón podría crear humo que ahuyentara a los malos espíritus, y que la vesícula biliar podría ayudar a los ciegos a volver a ver.

Al día siguiente continuaron su viaje y, a medida que se acercaban a su destino, Azarías le dijo a Tobías que lo mejor sería quedarse en casa de Raguel. Además, le sugirió a Tobías que se casara con Sara. Pero, por supuesto, no podía ocultar el hecho de que se creía que la mujer traía mala suerte a cualquier hombre con el que se casara. Cuando Tobías se enteró de su pasado, entró en pánico. Pero Azarías le dijo que no pasaría nada si ponía el hígado y el corazón de pescado en un incensario y dejaba que el «encantador» aroma alejara al demonio que atormentaba a Sara. Y tenía razón. Cuando Asmodeo, el asesino de maridos olió el incienso, ¡le dio tanto asco que echó a correr y no paró hasta llegar al norte de Egipto! Como Rafael, Azarías fue tras él y lo ató para que no pudiera causar más problemas. Al día siguiente, Tobías había salido vivito y coleando de la cámara nupcial, una sorpresa para el padre de Sara, Raguel, quien la noche anterior había estado trabajando duro, cavando lo que creía que sería la tumba de Tobías.

Durante los 14 días siguientes, la celebración fue constante. Después, Tobías regresó a casa con su nueva esposa y su extraño amigo, Azarías, junto a él. Azarías había mencionado que la vesícula biliar del pescado podía curar a los ciegos, así que Ana le dijo a su hijo que ungiera los ojos de Tobit con el órgano maloliente. Los ojos de Tobit picaron y luego lagrimearon, obligándolo a frotárselos con fuerza. Al hacerlo, la película blanca se desprendió y pudo volver a ver. Este fue otro motivo de celebración, y la familia le agradeció profusamente a Azarías, dándole la mitad de los diez talentos de plata que habían traído de Media.

En ese momento, Azarías reveló su verdadera identidad, ¡haciendo temblar a Tobías y Tobit! ¿Estuvieron en presencia de un verdadero arcángel todo el tiempo? Estaban tan asustados que cayeron al suelo. Rafael los consoló, diciéndoles que no había necesidad de tener miedo. Les dijo que siguieran siendo buenos hombres y que contaran todo lo que habían vivido. Tobit vivió otros cien años antes de morir. En cuanto a su hijo Tobías y su nuera Sara, tuvieron seis hijos y disfrutaron de una hermosa vida juntos, todo gracias a Rafael, quien continúa su labor curativa hasta nuestros días.

Rafael, según Enoc

Rafael aparece varias veces en el Libro de Enoc. Los arcángeles, Miguel, Sariel y Rafael, cuidaban a los Vigilantes, también llamados los hijos de Dios en el libro de Job, capítulo 1, versículo 6. Los Vigilantes eran los Nefilim, gigantes de la antigüedad que eran hijos de ángeles y humanos, bajo el liderazgo de As'a'el y Semhazah. Los gigantes les enseñaron a los humanos sobre joyería, cosméticos, guerra, armas, astrología y hechizos mágicos - cosas que arruinaban a la humanidad. Entonces, Dios les pidió a los arcángeles que fueran a castigarlos.

Las instrucciones que Dios le dio a Rafael, tal y como se recogen en el libro de Enoc, capítulo 10, versículos 4 a 5, fueron las siguientes: "Atad a As'a'el; encadénalo de pies y manos y arrójalo a las tinieblas; haz una abertura en el desierto... y arrójalo dentro. Y pon sobre él rocas dentadas y ásperas, y cúbrelo de tinieblas y déjalo morar allí para siempre, y cúbrele el rostro para que no vea la luz". Como probablemente puedes deducir, Dios tuvo suficiente de As'a'el. Los otros Vigilantes fueron apresados por Miguel y colocados en prisiones subterráneas para permanecer allí durante setenta generaciones. Al mismo tiempo, Gabriel dispuso que los Nefilim lucharan entre sí hasta que todos murieran.

Rafael también interactuó con famosos personajes bíblicos como Noé y el Rey Salomón. Fue Rafael quien ayudó a construir el arca de Noé. Los registros judíos también dicen que una vez que el diluvio hubo amainado, Rafael le dio a Noé un libro de medicina llamado Sefer Raziel, que pertenecía al Ángel Raziel. El libro contenía sobre todo hechizos, pero lamentablemente se ha perdido. En cuanto al gran Rey Salomón, Rafael lo ayudó a construir el Gran Templo cuando éste se enfrentó a desafíos y rezó a Dios pidiendo ayuda. Entonces, Dios envió al arcángel a Salomón. Llevaba un anillo especial en el que estaba grabado un pentagrama. Este anillo sigue siendo vital en la magia, incluso hoy en día, y es la razón por la que algunos se refieren a Rafael como el ángel de la magia y los milagros. También cabe destacar que el pentagrama es un antiguo símbolo médico. Con este anillo, Salomón invocó y obligó a miles de demonios a servir como obreros y terminar la construcción del templo.

Rafael en el Islam

También llamado Israfil, Esraful o Israfel, este arcángel es muy estimado en el Islam. Es quien tocará la trompeta del juicio, que sigue manteniendo cerca de sus labios, a la espera de las instrucciones de Dios. Fue creado en los albores de los tiempos con cuatro alas y una altura increíble que le permiten alcanzar los pilares del cielo desde la Tierra. También es un ángel músico que entona cantos de alabanza a Dios en mil lenguas. Es el intermediario entre Dios y los demás ángeles, y le transmite las instrucciones de Dios a las huestes de ángeles. Algunos insisten en que había estado en contacto con el profeta Mahoma incluso antes del encuentro con Gabriel.

Los sufíes creen en el ser humano perfecto, conocido como Qutb. Se dice que esta persona es similar a Israfil, ya que tiene un corazón como el suyo. Según la narración de Ath-Tha'labi de la tradición islámica, Rafa'il y Dhu al-Qarnayn (a quien algunos llaman Alejandro Magno) se encontraron. El Arcángel habló del Agua de la Vida o Ayn al-Hayat, y esto hizo que Dhu al-Qarnayn la ansiara, pero Khidr, su primo, fue quien consiguió beberla.

Rafael en otros textos

En el Testamento de Salomón -que forma parte de los Pseudoepígrafos-, un demonio atormentaba a un joven chupándole el pulgar, lo que lo debilitaba y le hacía perder peso. Para ayudar al muchacho, Salomón rezó, y Miguel fue enviado como respuesta. Miguel tenía un anillo destinado a capturar espíritus malignos, pero no es el mismo que el anillo que Rafael le ofreció a Salomón para la construcción del templo. Con este anillo, Salomón capturó a Ornias, el espíritu que atormentaba al niño. Interrogó a Ornias hasta que el demonio se vio obligado a invocar a Belcebú, que fue inmediatamente capturado por el anillo. Tras mucha persuasión, Belcebú llevó a todos los demonios ante Salomón para que los interrogara a todos. Aprendió sus nombres, sus poderes, todo lo que sabían sobre astrología y los poderosos ángeles contra los que no tenían ninguna posibilidad. Uno de los demonios era Oropel, quien le producía desagradables dolores de garganta a la gente, pero que se espantaba cada vez que oía el nombre de Rafael.

El efecto curativo del estanque de Bethesda es Rafael en acción. En el Evangelio de Juan, capítulo 5, versículos 2 a 4, muchas personas se reunieron a su alrededor con diferentes dolencias o familiares y amigos enfermos, esperando a que comenzara a moverse. El movimiento fue causado por un ángel que se metió en el estanque. La primera persona que se metiera en el agua después del ángel quedaría curada de lo que tuviera.

En el Paraíso Perdido de Milton, Adán y Eva son advertidos por Rafael de que no desafíen la palabra de Dios. Fue amable y cariñoso en su mensaje. Rafael habló largo y tendido con Adán sobre todo tipo de cosas. Al final, Rafael le advirtió a Adán que tuviera cuidado con sus interacciones con el tentador, Satanás, y que no tocara el fruto prohibido. Por supuesto, ya sabes cómo acabó la historia.

Rafael fue uno de los ángeles con los que Abraham conversó en el Talmud, en la encina de Mambré, en Hebrón. Miguel estaba en el centro, mientras que Gabriel y Rafael estaban a su izquierda y derecha, respectivamente. Todos ellos tenían tareas específicas que cumplir. Gabriel destruiría Sodoma, Miguel le haría saber a Sara que se convertiría en madre de Isaac, y Rafael ayudaría a Abraham a sanar después de su circuncisión y también acudiría al rescate de Lot.

Según el Midrash Konen, Rafael fue una vez Libbiel. Libbiel significa en hebreo "Dios es mi corazón". Según este texto, antes de la creación del hombre, Dios se reunió con sus ángeles para hablar de ello. No todos los ángeles estaban de acuerdo con la decisión de Dios. Los ángeles de la justicia y el amor aprobaron la decisión de Dios. Sin embargo, a los ángeles de la paz y la verdad les preocupaba que los humanos se volvieran deshonestos y problemáticos. En respuesta, Dios arrojó al ángel de la verdad a la Tierra. Naturalmente, esto molestó a los otros ángeles, pero Dios respondió diciéndoles: "La verdad volverá a brotar de la Tierra".

Curiosamente, incluso antes de que los ángeles expresaran sus preocupaciones, Dios sólo compartió con ellos las cosas buenas de la humanidad, no el lado más feo. Los ángeles disidentes preguntaron:

"¿Qué es el hombre, para que te acuerdes de él? ¿Y el hijo del hombre para que lo visites?".

Dios respondió que todas las demás creaciones carecerían de sentido sin alguien que las apreciara y disfrutara. Algunos ángeles aceptaron el plan de Dios. En cambio, otros siguieron oponiéndose a él, lo que significaba que cargarían con las consecuencias de su oposición. Estos ángeles serían quemados - todos excepto Miguel, su líder. Lo mismo ocurrió con los ángeles liderados por Gabriel, que fue el único que se salvó de su grupo. El tercer grupo de ángeles estaba bajo el liderazgo de Libbiel, y él no era tonto. Viendo lo que les había sucedido a los otros, le advirtió a su grupo de ángeles que hicieran lo que Dios les había ordenado. Le dejaron claro a Dios que contaba con todo su apoyo y que vigilarían a los humanos y compartirían todo lo que aprendieran sobre ellos. En ese momento, Dios cambió el nombre de Libbiel por el de Rafael para reflejar que desempeñaba el papel de Rescatador, al haber salvado a sus ángeles con sus consejos. Dios lo llamó el "Príncipe Angelical de la Curación", encargado de todas las medicinas celestiales y terrenales.

Imágenes, símbolos y sellos del Arcángel Rafael

A veces se representa a Rafael con un pez. A veces, hay un joven junto a él, sosteniendo el pez. El Arcángel también puede vestir un traje de peregrino, y cuando viste de esta manera, puede tener una calabaza o un bastón en su mano derecha. El pez, el traje de peregrino y el niño están inspirados en la historia de Rafael que conduce a Tobías a Media y de vuelta a casa. Normalmente, el ángel tiene el pelo rubio, y a veces es de un rubio muy oscuro. Como peregrino, a veces lleva un abrigo sobre una túnica que puede tener un manto vaporoso. Rafael siempre lleva alas. Cuando aparece, su luz es brillante e impregnada de dorado.

A menudo se representa al arcángel Rafael con un niño que sostiene un pez[2]

El color de Rafael es el verde esmeralda o musgo. No es de extrañar, ya que es el color de la armonía y la curación y el color del chakra del corazón o centro de energía. Otros consideran que sus colores son también el verde brillante, el púrpura y el dorado. De los cuatro elementos clásicos, Rafael representa la Tierra. El Caduceo es su símbolo, lo que tiene sentido, ya que es el Patrón de todos los sanadores. El sigilo del arcángel Rafael tiene una cruz en el centro, con un pequeño círculo en la parte supervior y un círculo ligeramente más grande en la parte inferior. A la izquierda y a la derecha de la cruz hay dos líneas verticales con pequeños círculos en la parte superior de cada una, y sus partes inferiores están conectadas por una línea horizontal que atraviesa la parte inferior de la cruz en el centro. A izquierda y derecha de esta forma de U, recuadrando la cruz, hay dos pequeñas cruces con líneas verticales y horizontales iguales. Otra cruz con líneas iguales descansa sobre la cruz cristiana tradicional del centro.

En la parte inferior del símbolo hay otra cruz con las mismas líneas verticales y horizontales, pero con un pequeño círculo en la parte superior. A izquierda y derecha de esta última cruz hay dos X. Todas estas figuras están contenidas en un círculo. Alrededor del círculo están las palabras RAFAEL en la parte superior, ADONAY a la derecha, OTHEOS en la parte inferior y AGIOS a la izquierda. Adonay significa "Señor" o "Maestro", Otheos significa "Dios" y Agios significa "sagrado". Cada una de estas palabras tiene una pequeña cruz con líneas equidistantes entre ellas. Otro círculo une estas palabras por fuera.

Ahora ya sabes todo lo que necesitas saber sobre quién es el arcángel Rafael. La pregunta es, ¿cuándo está bien invocarlo? ¿Y cómo puedes hacerlo? Aprenderás todo esto y más en el próximo capítulo.

Capítulo dos: Cuándo y cómo invocar al arcángel Rafael

Sanar tu cuerpo

Nadie hace un mejor trabajo que el arcángel Rafael cuando se trata de curación física. Dios lo ha bendecido para ayudarte a sanar en cualquier forma que necesites. Un simple toque de Rafael puede traer alivio y recuperación a todo lo que esté desalineado en tu cuerpo. Como humano, es natural que experimentes dolor físico de vez en cuando. Rafael, un ser muy compasivo, tiene la misión de ofrecerte alivio. Su energía curativa recuerda a una brisa calmante que recorre tu cuerpo y elimina lo que te aqueja.

Muchos han sufrido enfermedades crónicas y han invocado al arcángel Rafael, pidiéndole que interceda por ellos. Naturalmente, Rafael responde a sus plegarias. Más que cualquier médico, entiende lo que hay que tratar en el cuerpo mortal para devolverlo a un estado impecable. Lo mejor de este arcángel es que no juzga a nadie en su tratamiento. No sólo es excelente para curar el cuerpo de cualquier cosa que padezca, sino que también es experto en conseguir un estado de equilibrio. Al invocar al arcángel Rafael, experimentarás una sensación de bienestar que nunca antes habías conocido. Este ser lleva en su interior una gracia celestial que fluye hacia tu cuerpo, armoniza todas sus funciones, soluciona todo lo que está fallando y equilibra todas las alteraciones de los sistemas que hay en tu interior.

Cuando invoques a Rafael para que te cure, debes comprender que tú también tienes un papel que desempeñar. Para que el trabajo de curación de Rafael se consolide, debes rendirte completamente ante él. Debes confiar en que su poder puede trabajar con tu cuerpo para crear los resultados deseados. No es bueno que pienses negativamente mientras le pides ayuda.

Si piensas en mala salud y negatividad, tu cuerpo lo capta y atrae más energía negativa. Cuando invoques a Rafael, y él intente usar su energía curativa en ti, te encontrarás con algunos contratiempos de los que tú eres responsable. También debes tomar las decisiones apropiadas y hacer lo correcto para ser un co-creador consciente con Rafael y generar la salud deseada.

Cuando estás en presencia de Rafael, su energía curativa es inconfundible. Aprende a aprovecharla y presta atención a los impulsos intuitivos que recibas. Él utilizará tu intuición para comunicarte cómo puedes mejorar tu condición. Debes darte cuenta de que se trata de un esfuerzo de colaboración y actuar como tal.

Sanar tu corazón

La curación no sólo se produce a nivel físico. Hay momentos en la vida en los que necesitas sanar tu corazón. Puedes acudir al arcángel Rafael para que te ayude con esto. El viaje de la sanación emocional es un viaje rítmico entre la luz y la oscuridad. Se trata de comprender que hay dolor en tu corazón y aceptarlo, al mismo tiempo que haces todo lo posible por avivar las llamas de la esperanza en tu corazón. Rafael puede ofrecerte la guía y el consuelo que necesitas para sanar tu corazón. El arcángel Rafael puede mostrarte el camino para liberarte emocionalmente. No tiene ningún problema en que muestres vulnerabilidad, así que no asumas que debes encontrarte con él de forma sombría y controlada. Este arcángel te ofrece la fuerza necesaria para luchar contra tus sombras y deshacer las retorcidas redes de emociones que te mantienen atado y atrapado.

Sanar relaciones

Rafael también tiene el poder de sanar y restaurar tus relaciones. Inevitablemente, todo el mundo experimenta malentendidos. A veces, estos malentendidos pueden intensificarse hasta el punto de destruir una relación que antes era maravillosa. Sin embargo, no hay relación o conexión que Rafael no pueda sanar. Así que, recurre a él si tienes una relación que necesita ayuda.

Rafael tiene el poder de sanar cualquier relación problemática[8]

Sanar un trauma

El trauma es un aspecto negativo del ser humano. A veces, puede parecer imposible liberarse del daño causado por acontecimientos traumáticos. Sin embargo, al ser un ser divino, el arcángel Rafael puede ayudarte a superar cualquier trauma al que te enfrentes. Además, se sabe que los traumas te quitan la sensación de paz interior y hacen imposible que te sientas seguro. Esta imposibilidad prospera porque no has invocado el apoyo divino para que te ayude. Rafael es un excelente guía interior que puede mantenerte en paz en medio de la tormenta. Si de esta sección del libro aprendes solo una cosa, que sea esto: No hay nada en la tierra ni en ningún otro lugar que Rafael no pueda sanar total y completamente.

Inspirar la creatividad

En ocasiones, encuentras tu espíritu creativo atrapado en un bloqueo inexplicable. Haces todo lo que dicen los conocimientos convencionales para liberarte del fango. Sin embargo, nada funciona. Cuando te encuentres en esta situación, invoca al arcángel Rafael. Él, más que ningún otro ser, puede guiarte hacia un mundo de infinita expresión creativa. Él posee la melodía celestial que llevará a tu alma hacia el pleno flujo creativo.

Al arcángel Rafael se lo conoce como la musa celestial. Sabe cómo ayudarte a convertir tu lienzo en blanco en la más vibrante obra de arte.

Sabe cómo guiar tu mano para que tu página vacía se transforme en una genialidad literaria. Cuando buscas la ayuda de Rafael, aprendes que la creatividad no es algo que se consigue por uno mismo. No es un viaje que debas emprender solo. Al optar por trabajar con lo divino, accedes a un reino de grandes ideas que mucha gente desconoce. Como resultado, las obras que creas a partir de este reino son literalmente de otro mundo.

Por lo tanto, recurre a Rafael para que te ayude a encontrar tu flujo creativo. Llevándote de la mano a través de tu intuición, te mostrará cómo liberarte de la prisión que representa tu zona de confort para que puedas estar en paz con aquello desconocido que encierra cada idea creativa que buscas. Además, puedes permitir que su energía fluya a través de ti para que no estés forzando que las cosas sucedan. En su lugar, lo dejas fluir a través de ti para expresar la creatividad divina. En otras palabras, sirves de canal para la inspiración divina. Cuando experimentas este flujo, el tiempo deja de existir. No sólo eso, sino que también parece como si pudieras hacer tu trabajo para siempre. A menudo, aquellos que trabajan con Rafael en busca de inspiración y creatividad afirman que cuando terminan de crear su obra, sienten como si no tuvieran nada que ver con ella. Simplemente fueron parte del viaje.

Otro aspecto a tener en cuenta cuando se trata de creatividad es el equilibrio entre asumir riesgos y apegarse a lo convencional por miedo. Cuando te encuentras en medio de esta incertidumbre, te resulta difícil fluir creativamente. Notarás que el miedo toma el control de tu corazón y te impide explorar el mundo que llevas dentro. Cuando tu trabajo creativo está lleno de dudas y vacilaciones, es difícil no verlo. Sin embargo, Rafael puede desplegar sus alas y bajar en picada a rescatarte para que puedas encontrar el espíritu audaz que llevas dentro. Verás, Rafael no duda de lo que puedes lograr. Él te ayudará a eliminar las inseguridades y el miedo que te hacen vacilar a la hora de probar cosas nuevas en tu trabajo. Él te animará a ser audaz con tu escritura, pintura o cualquier otra cosa que hagas. Experto en atar demonios, Rafael atará los que te atormentan por dentro y los arrojará al abismo, permitiéndote aprovechar las poderosas emociones que impulsan tu creatividad. Ahora, no asumas que esto significa que nunca tendrás miedo. Rafael te dará la capacidad de actuar a pesar de ese miedo. Por lo tanto, con el tiempo, te darás cuenta de que no hay nada que temer cuando se trata de tu trabajo creativo.

Sanar mascotas

Es doloroso para ambos tener una mascota inexplicablemente enferma. Naturalmente, para ti estas mascotas son tu familia, así que quieres que se sientan mejor. Rafael también puede ayudar a tu mascota. Puedes recurrir a él para que intervenga. Con su luz celestial, curará a tu mascota.

La única otra cosa tan desgarradora como que esté enferma es perderla. En momentos así, Rafael puede actuar como un faro que le permita a tu mascota encontrar el camino de vuelta a casa.

Sobrellevar adicciones

Las adicciones pueden llevarte a ser incapaz de ver nada bueno de ti mismo. Rafael puede ofrecerte la fuerza necesaria para liberarte de las cadenas de la adicción. Como ser celestial, Rafael tiene un punto de vista único sobre las complejidades humanas, especialmente cuando se trata de luchas que parecen estar fuera de tu control. Mejor que cualquier otro consejero en la Tierra, Rafael siente el dolor por el que pasas y aborda el proceso de ayudarte a sanar con amor y sin juzgarte. ¿Significa esto que no debes buscar terapia profesional de salud mental? Por supuesto que no. Sin embargo, trabajar con el arcángel Rafael puede ayudarte a llegar más rápido a donde necesitas ir.

A menudo, una adicción puede tener sus raíces en un trauma, en el dolor emocional o en la desconexión con tu yo espiritual. Rafael puede curar las heridas que impulsan tus hábitos destructivos. No basta con decirte a ti mismo que dejarás de ser adicto a algo. Debes abordar las causas profundas ocultas, y Rafael puede exponerlas a la luz para que finalmente puedas hacer algo al respecto. Este arcángel puede darte la fuerza de voluntad para superar la tentación de volver a un comportamiento destructivo. Es importante que sepas esto porque habrá momentos en los que te sientas tentado de rendirte. Rafael te asegurará que esto no significa que seas una pésima o débil persona. Él te animará en estos momentos difíciles para que tomes las decisiones correctas.

Rafael brinda inspiración y guía a través de tu intuición. Crea acontecimientos sincronizados en tu vida que te conducen a personas que te ayudarán a superar tus dificultades. Él ilumina el camino hacia la recuperación. No necesitas entender exactamente cómo llegarás a ese destino. Todo lo que debes hacer es confiar en que Rafael está trabajando duro para sacarte de la prisión de la adicción.

Además de eso, él puede ayudarte a restaurar el equilibrio en tu vida mostrándote mejores hábitos y prácticas que puedes adoptar para reemplazar y eliminar totalmente tus adicciones. Puede eliminar todas las influencias negativas que te animan a caer en esas adicciones. Cuando necesites terminar con relaciones tóxicas, este arcángel te apoyará. Él puede ayudarte con los recursos para salir de los ambientes negativos que alimentan tu comportamiento adictivo. A nivel energético, puede cortar las cuerdas que te han atado a lugares, personas y sustancias adictivas que han gobernado y arruinado tu vida. Por lo tanto, lo mejor sería buscar a Rafael cuando luches contra algo adictivo. La sustancia o el comportamiento y lo fuertemente apegado que estés a ellos no importan. Rafael puede ponerte en el camino correcto.

Asistencia en viajes

Rafael es un excelente compañero de viaje. Ofrece seguridad y protección en el aire o en la carretera. Puede salvaguardar tus viajes asegurándose de que no sufras retrasos ni accidentes. Además, si existen varias rutas para llegar a tu destino, pero no estás seguro de cuál tomar, puedes ponerte en contacto con él y pedirle que elija la mejor para ti. Incluso en un lugar desconocido, él puede guiarte.

Son innumerables las situaciones en las que diferentes personas, durante un viaje, se han encontrado en apuros y, al recurrir a Rafael, él las ha ayudado. Debes saber que, por muy difícil que sea un viaje, él intervendrá y te lo facilitará. Sólo tienes que pedírselo.

Invocar al arcángel Rafael

Ahora que conoces todas las situaciones en las que Rafael puede ayudarte, ¿cómo consigues su ayuda? Tienes que invocarlo. Existen varias formas de hacerlo. Mira los siguientes métodos y trabaja con cada uno de ellos hasta que sepas cuál funciona mejor y cuál es el adecuado para ti.

Oración

La oración es un puente sagrado que te conecta con lo divino. Cuando rezas, creas un espacio sagrado en tu corazón que actúa como santuario para que tus intenciones cobren impulso y se proyecten hacia reinos superiores. Con la oración, puedes invitar a Rafael a tu vida y pedirle que haga su magia contigo.

Varios recursos en Internet y otros libros recomiendan oraciones específicas para invocar a Rafael. Sin embargo, no hay una plantilla específica que debas seguir. Todo lo que tienes que hacer es hablar desde tu corazón sobre tu deseo y creer que tu oración ha sido escuchada.

La oración es una de las formas más eficaces de invocar al arcángel Rafael

Meditación y Visualización

La meditación es una excelente manera de invocar al arcángel Rafael cuando necesites su ayuda. La visualización implica traer escenas específicas a tu imaginación. Formará parte de la mayoría de los otros métodos para invocar a Rafael que aprenderás en este libro. Si puedes imaginarte sosteniendo una pelota de golf en tu mano o mordiendo un limón, tienes habilidades de visualización.

Antes de meditar, asegúrate de estar en un lugar libre de distracciones. Nada ni nadie debe molestarte ni interrumpirte. Deberás estar en total silencio durante diez o quince minutos. Además, debes ponerte ropa cómoda.

1. Siéntate en una postura que puedas mantener durante la meditación.
2. Cierra los ojos y deja que el mundo se desvanezca para que puedas conectarte con tu realidad interior.
3. Inhala profundamente, exhala lentamente y deja que las cargas del día se alejen de ti.

4. Nota tu peso contra la silla o el suelo, y siente tu conexión con la tierra.
5. Continúa respirando profundamente hasta que notes que tus pensamientos se serenan.
6. Si tu mente sigue alejándose de la respiración, no pasa nada y no tienes por qué frustrarte. Aunque te ocurra a menudo, nota que tu atención se ha desviado y vuelve a centrarte suavemente en la respiración. Con el tiempo, la calma llegará.
7. Cuando tu mente se sienta en calma, es el momento de pedirle a Rafael que venga a ti. Puedes expresar esta intención en voz alta o simplemente sentarte con un sentimiento de expectación, como si supieras que él te honrará con su presencia.
8. Mientras respiras y esperas, imagina una brillante luz esmeralda con el resplandor de mil hojas bañadas por el sol. Mírala inundando la habitación y el espacio a tu alrededor y fluyendo hacia tu cuerpo.
9. Siente la energía de esta luz a medida que penetra en cada célula, despertando cada fibra de tu ser. Esta es la presencia, el amor, la luz y el poder sanador del arcángel. Ahora estás conectado con Rafael.

Usar Mantras

Los mantras son palabras, sonidos o frases que se utilizan para profundizar en un estado de meditación o invocar a seres celestiales. Mientras meditas, puedes utilizar mantras para invocar a Rafael. Primero, concéntrate en tu respiración, y cuando notes que estás en calma, empieza a repetir un mantra simple como: *"Rafael, por favor, ven a mí ahora"*. Tu mantra puede ser lo que quieras.

Usar Chakras

Tus chakras son portales de energía que permiten que la fuerza vital fluya hacia ti en todos los niveles de la existencia. También permiten que la energía fluya fuera de ti, influyendo en tu vida e incluso en las vidas de quienes te rodean. Puedes utilizar estos centros de energía para invocar a Rafael.

1. Empieza por sentarte o acostarte en un lugar cómodo y tranquilo.
2. Cierra los ojos, inhala y exhala varias veces para centrar tu atención en el momento presente y alejar los pensamientos que te distraen.

3. Dirige tu atención al chakra del corazón, el Anahata. Míralo como un portal pulsante y giratorio de energía verde esmeralda.

4. Repite mentalmente o en voz alta el nombre de Rafael. La intención es atraer su presencia. Mientras haces esto, nota cómo tu chakra del corazón se vuelve más activo a medida que la luz se vuelve más intensa, brillante y cálida, y viaja a través de tu ser. Esto significa que has establecido una conexión con Rafael.

Usar Reiki

He aquí cómo trabajar con Reiki para obtener la ayuda del arcángel Rafael.

1. Ve a un lugar sin distracciones ni ruidos.

2. Limpia el espacio. Puedes encender incienso, velas, tocar una campana o utilizar cualquier otro método para limpiar la energía de tu espacio de trabajo.

3. Siéntate cómodamente, cierra los ojos y respira profundamente. Mientras respiras, imagina que crecen raíces desde donde estás conectado al suelo hacia la tierra.

4. En el ojo de tu mente, ve un rayo de luz del cielo vertiéndose en la parte superior de tu cabeza, conectándote con la divinidad.

5. Establece tu intención de atraer la presencia del arcángel Rafael para que te ayude durante tu sesión de Reiki. Puedes expresar esta intención en voz alta como una invocación. Invítalo a estar presente y dar poder a tu ritual.

6. Coloca las manos sobre tu cuerpo (o sobre el de la persona a la que intentas ayudar) y, con los ojos de tu mente, ve cómo una luz verde curativa fluye a través de tus manos. Confía en que esta luz pertenece a Rafael y que ahora está aquí contigo. Aprenderás más sobre Reiki en un capítulo posterior.

Escritura libre y arte

La escritura libre es una forma de permitir que la conciencia del arcángel Rafael fluya a través de ti y obtener una visión directa de cualquier situación con la que estés lidiando. También puedes permitir que Rafael fluya a través de ti utilizando el arte. He aquí cómo hacerlo:

1. En primer lugar, busca un lugar libre de distracciones. Para este procedimiento, tendrás que sentarte en un escritorio cómodo.

2. Intenta conectarte con Rafael. Ten claro que quieres hacerlo a través de la escritura libre o el arte y busca orientación, ayuda, salud o cualquier otra cosa en la que necesites que él te ayude.

3. Medita durante unos minutos o hasta que sientas la calma en tu interior y tu mente y cuerpo se relajen. Infunde tu cuerpo y tu espacio con la luz de Rafael.

4. Abre los ojos, sujeta la pluma sobre el bloc (o simplemente siéntate con las herramientas de tu medio artístico preferido, sea cual sea) y respira profundamente.

5. Deja que las palabras o las imágenes fluyan a través de ti. No intentes pensar si son palabras reales, en cómo es tu letra o por qué parece que sólo estás garabateando o algo así. Si estás haciendo arte, imagina que tus manos no son tuyas. En lugar de eso, considéralas las de Rafael. Confía en que su energía fluye a través de ti y mantén la conciencia de esa conexión. También ayuda mantener tu atención en el papel para que no te vuelvas demasiado analítico sobre tu escritura o creación.

6. Puedes hacer una pregunta y esperar a que tu mano empiece a escribir. Durante este proceso, es importante que te mantengas abierto.

7. Cuando hayas terminado, agradécele a Rafael. Puedes leer y revisar lo que has obtenido después de la sesión y hacer cualquier anotación adicional que te venga a la mente. Si hiciste arte, puedes sentarte con él y meditar sobre el objetivo de tu práctica.

Usar los sueños y la proyección astral

Los sueños son una excelente manera de llegar al arcángel Rafael, facilitando que aparezca en toda su gloria. La proyección astral implica dejar tu cuerpo físico para explorar los reinos astrales (y otros reinos) donde puedes obtener conocimiento, encontrarte con otros seres, ir a lugares, etcétera. He aquí cómo puedes hacer que trabaje contigo en tus sueños.

1. Comienza estableciendo tu intención de conectarte con Rafael antes de acostarte. Ten claro en qué te gustaría que te ayudara.

2. Asegúrate de que tu habitación sea propicia para que puedas dormir bien. Debe ser silenciosa, completamente oscura (o al menos con un ambiente agradable y relajante) y a una temperatura agradable. Si quieres, puedes ambientarla con algo de música.

3. Antes de dormirte, relájate meditando. Esto despejará tu mente y te mantendrá concentrado en tu tarea.
4. Mientras meditas, visualiza la rica luz verde esmeralda de Rafael alrededor de ti y de tu habitación.
5. Reza una oración o haz una afirmación para tenerlo presente mientras te vas a dormir.
6. Ten un bolígrafo y un diario de sueños junto a tu cama para poder escribir lo que recuerdes después de despertar.
7. Mientras te duermes, repite: *"Gracias, Rafael"*.
8. Cuando te despiertes, no muevas el cuerpo. Si lo haces, vuelve a estar quieto lo antes posible y no abras los ojos.
9. Piensa en lo último que viste o en lo último que sentiste, y esto debería poner en marcha el proceso de recordar lo sucedido.
10. Cuando lo hayas recordado todo, escribe primero palabras clave que representen cada aspecto del sueño y, a continuación, detállalo.

¿Qué hay de la proyección astral? He aquí cómo hacerlo.

1. Establece tu intención de abandonar tu cuerpo y encontrarte con el arcángel Rafael.
2. Programa tu alarma para dos o tres horas antes de la hora habitual de levantarte, luego vete a la cama.
3. Cuando suene tu alarma, apágala, sal de la cama y bebe un poco de agua.
4. Dedica de cinco a treinta minutos a leer sobre la proyección astral y el arcángel Rafael, con la intención de reunirte con él en el plano astral.
5. Ahora, vuelve a la cama, fijando firmemente en tu mente la intención de que vas a abandonar tu cuerpo.
6. Cuando sientas que estás despierto, no abras los ojos ni muevas el cuerpo. En lugar de eso, simplemente siéntate con tu cuerpo astral y sal. Lo importante es no pensar demasiado. Puede que sientas vibraciones, pero no te quedes en ellas. Más bien, abandona tu cuerpo y aléjate lo más posible de él.
7. Intenta ver a Rafael. Si no está ya allí, eventualmente lo encontrarás. Desde allí, puedes comunicarte con él sobre lo que necesites.

8. Al volver a tu cuerpo, grita una palabra que resuma lo que te estaba diciendo (o una frase corta), ya que esto te ayudará a recordar lo que te dijo.

9. Al despertar, no te apures en levantarte de la cama, abrir los ojos o moverte, porque debes permitir que tus recuerdos astrales pasen de tu mente astral a la física, y no debes interrumpir ese proceso. De lo contrario, olvidarás todo lo sucedido.

10. Cuando puedas recordarlo todo (gracias a la frase o palabra que gritaste al volver a entrar en tu cuerpo), puedes escribirlo en tu diario de sueños.

Ahora que sabes cómo invocar al arcángel Rafael, probablemente quieras saber cómo puedes saber que este ser celestial está presente. El próximo capítulo te enseñará las señales que indican que el Divino Sanador está contigo.

Capítulo tres: Señales de que el arcángel Rafael está presente

Puede parecer improbable que puedas interactuar con seres de otros mundos. Sin embargo, no deberías descartar el hecho de que puedes tener un verdadero encuentro con el arcángel Rafael. Pero, ¿cómo puedes saber cuándo estás en presencia de este maravilloso ser celestial? Debes conocer las señales de que él se ha hecho presente y ha respondido a tu oración.

Es importante saber que las señales no son sólo cosas tangibles que puedes observar con tus cinco sentidos. Las señales de la presencia del arcángel Rafael pueden venir de infinitas maneras. Sin embargo, sin excepción, sabrás que está presente por una inconfundible sensación visceral. Conocer estas señales te reconfortará cuando las experimentes. Tendrás una fe inquebrantable en que cualquier cosa para la que busques la ayuda de Rafael será un hecho.

Plumas

Muchos han visto plumas a su alrededor como señal de que el arcángel Rafael está presente. Él tiene una manera de asegurarse de que veas estas plumas justo en el lugar y momento adecuados. En otras palabras, una pluma normal en cualquier otro lugar o momento podría no llamar tu atención o golpear tu corazón. Sin embargo, cuando es una clara señal de Rafael, lo sabrás porque, instantáneamente, te quedarás helado y comprenderás lo que estás viendo.

Ver una pluma en el momento y lugar adecuados indica que Rafael está contigo[5]

Otra persona que vea esa misma pluma ni siquiera la mirará dos veces. Sin embargo, tú lo entiendes mejor. Sabes que esa pluma es celestial. Es importante que no te tomes la señal a la ligera porque simboliza que has llamado la atención del arcángel Rafael y que lo que sea que le hayas traído para que se ocupe de ello, está siendo trabajado. Puedes pensar en estas plumas como recordatorios de que no estás solo. Tienes a las huestes de Rafael a tu lado, listas para ayudarte.

Un mensaje emplumado para Samantha

Aquí está el encuentro de Samantha con Rafael:

"Me acababa de mudar de un bonito apartamento que antes compartía con mi pareja, para bajar a otro en un barrio horrible. Tampoco sabía qué hacer con la zona lumbar, que se había convertido en un grave problema. Como escritora, tenía que pasar mucho tiempo sentada para crear contenidos. Esto significaba que no podía escribir lo bastante rápido como para ganar el dinero suficiente para mudarme a un sitio mejor, y las molestias de mi espalda habían pasado de leves refunfuños a ensordecedores rugidos de dolor.

Un día vi un vídeo en YouTube sobre cómo invocar al arcángel Rafael para que me curara. Pensé que no podía hacerme daño, ya que estaba sufriendo de verdad. Así que recé una sencilla oración. Luego me olvidé de todo y me dediqué a disfrutar al máximo de mi nueva vida. Al día siguiente, paseé por mi nuevo barrio, observando con cautela a todos los que me rodeaban. Me di cuenta de que estaba demasiado nerviosa y añoraba los días en que podía caminar sin preocupaciones.

Cuando estaba a punto de romper en llanto, casi sin poder contenerme, vi una pluma blanca que descendía flotando desde arriba. En ese momento, me detuve en seco. Mientras flotaba, extendí la palma de la mano y la pluma se posó en ella. En cuanto la pluma tocó mi mano, sentí un gran alivio. Era como si hubiera estado caminando con una carga sobre los hombros y alguien me la hubiera quitado de repente. No podía explicarlo, pero sabía que todo iría bien.

Por primera vez en meses, me acosté cómodamente sin dolor de espalda. Al día siguiente me desperté sintiéndome de maravilla. Un par de semanas después, recibí una llamada de una productora que cambiaría radicalmente mi vida. Compraron un programa de televisión que yo había estado presentando sin éxito durante los dos últimos años. La empresa me ofreció una cantidad de dinero que nunca antes había imaginado tener. Trabajando con un agente, decidí pedir más. Así lo hice y, una semana después, tenía dinero más que suficiente para mudarme de aquel peligroso apartamento a un lugar más adecuado para mí. Conservo esa pluma como recordatorio de que los ángeles son reales y, si se lo pides, están dispuestos a ayudarte en lo que necesites".

Números angelicales

¿Alguna vez has mirado el reloj y te ha llamado la atención una secuencia de números? Estos números no sólo aparecen en el reloj, sino también en las matrículas, en las conversaciones, en las etiquetas de los precios, en los números de serie codificados, etcétera. De hecho, puede que te hayas dado cuenta de que tienes la manía de despertarte todos los días a una hora determinada sin necesidad de despertador.

Si has observado que estos números aparecen a menudo, es posible que hayas rastreado Internet para determinar su significado. Es posible que hayas encontrado información que afirma que estas cifras no deben ser tomadas en serio. Quienes sostienen esta postura afirman que los números que observas son sólo el resultado de tu sistema de activación reticular, un proceso cerebral responsable de ayudarte a encontrar patrones en las cosas. Te dirán que es la razón por la que cuando compras un coche rojo, por ejemplo, de repente empiezas a notar coches rojos por todas partes.

Pero tienes la sensación de que hay mucho más en estas cifras de lo que te cuentan. La verdad es que tienes razón. Estos números no son ordinarios. Se conocen como números angelicales. Podrían ser repetitivos como 111, 222, 333, o cualquier otro número que aparezca de tres en tres o de cuatro en cuatro (o incluso grupos más grandes). Los números pueden ser 1010, 411, 414, 717, 8080, etc. No importa cómo aparezcan. Lo que importa es que, cuando aparecen, tienes la sensación de que el mundo se detiene. Sea cual sea el proceso de pensamiento que tenías en marcha, de repente se vuelve irrelevante. Estás fuertemente arraigado en el aquí y ahora y tan enraizado que casi parece como si la vida fuera literalmente un sueño o una simulación. Te sientes así porque el ángel Rafael está haciendo notar su presencia. Te está mostrando que existen fuerzas y poderes más allá de la aparente rigidez e inmutabilidad de la realidad física.

Cuando aparecen estos números, debes aprovechar esa sensación de irrealidad para plantar en tu mente la semilla de lo que deseas. ¿Cómo se hace esto? Aceptando que no importa lo aparentemente imposibles que sean tus deseos, cualquier cosa bajo el sol puede lograrse a través de medios divinos. Y tienes los medios divinos porque cuentas con el apoyo de Rafael y su hueste de ángeles. Para algunas personas, eso no es suficiente. Si este es tu caso, la siguiente sección explica brevemente el significado de cada número del 0 al 9. Imagina que ves secuencias de números que son una combinación de varios números. En ese caso, todo lo que tienes que hacer es tomar los significados de cada número individual y combinarlos, y luego aplicarlos a tu vida.

Los números y sus significados

- El **cero** es el número de los potenciales infinitos. Representa las conexiones divinas que tienes. Ver este número es como si te pidieran que permanezcas en el presente. Llama tu atención y tu energía del pasado y del futuro y tráelas al aquí y al ahora. En este momento y espacio, Rafael te aconseja que sueltes viejos apegos y te permitas moverte con el flujo de la divinidad, confiando en que lo desconocido es maravilloso y te conducirá a tus ideales más elevados.

- El **uno** es el número de las inspiraciones divinas. Tiene que ver con los nuevos comienzos y el poder de la manifestación. Cuando te encuentras con una secuencia de números con unos en ella, Rafael te dice que debes abrazar la fuerza interior y aceptar tu potencial para crear grandeza.

- El **dos** es el número de la dualidad. Expresa el concepto de asociación y equilibrio. Cuando ves el número dos en una secuencia numérica, Rafael te pide que hagas lo que puedas para fomentar relaciones armoniosas. También quiere que encuentres la armonía dentro de ti. El número dos te dice que debes alimentar las conexiones sanas que tienes en la vida y equilibrar tus emociones.

- El **tres** es el número de la energía creativa. Es la presencia de la guía de lo alto. Siempre que una secuencia numérica tenga un 3, se te pide que reconozcas la presencia de la divinidad en tu vida. Además, se te pide que te atrevas a expresarte de forma creativa y a vivir desde la autenticidad. El número tres te pide que abraces tus talentos únicos y dejes ir las dudas que te impiden expresarlos plenamente para que puedas alcanzar nuevas alturas.

- El **cuatro** es el número de la estabilidad. Representa la idea de recibir apoyo. Cuando este número aparece en una secuencia de números angelicales, Rafael te está animando a salir de la incertidumbre. Quiere que confíes más en el universo y en sus ritmos naturales. El cuatro te llama a reconocer que eres parte de la naturaleza, lo que significa que nunca podrías estar en el lugar equivocado en el momento equivocado. Debes confiar en que el flujo de la naturaleza te llevará exactamente adonde necesitas ir.

- El **cinco** es el número de la libertad, el cambio y la transformación. Cuando el cinco aparece en una secuencia numérica angélica, se te pide que estés abierto a futuros cambios. Te dice que debes dejar ir lo viejo para aceptar los nuevos milagros por los que has rezado y deseado durante mucho tiempo. El cinco te pide que estés en paz a pesar de lo caótico que pueda ser este cambio porque, inevitablemente, te llevará a donde quieres estar.

- El **seis** es un número que muchos asumen como negativo. Esto se debe principalmente a la interpretación cristiana del número 666, que se dice que es la marca de la bestia maligna. Sin embargo, este no es el caso cuando se trata de números angelicales. El número seis en una secuencia de números angelicales es básicamente un mensaje que te pide que escarbes bajo la superficie de las cosas para que puedas descubrir la verdad de tu situación. Te pide que destruyas y derribes todas las ilusiones que te mantienen atado a tu realidad actual e indeseable. El seis te pide que encuentres el punto de equilibrio en la confusión y el caos y que vuelvas a conectar con la divinidad que llevas dentro. Te recuerda que la luz emergerá por muy oscuras que parezcan las cosas.

- El **siete** es un número divino. Representa la sabiduría interior, la intuición y el despertar a tu yo espiritual. Cuando ves el número 7 en una secuencia numérica angélica, estás llamado a prestar atención a lo que te dice tu alma. Tu vida está alineada con un plan divino, y debes confiar en que hay una sabiduría dentro de ti mayor de la que eres consciente. El siete te pide que confíes en tu intuición y que le permitas a Rafael que te muestre el camino a seguir.

- El **ocho** es el número del éxito, la abundancia y las posibilidades infinitas. Ver el ocho en una secuencia numérica significa que estás siendo o estás a punto de ser inmensamente bendecido. Es una señal de que todo a tu alrededor se está alineando para favorecerte de la mejor manera posible. Cuando este número empiece a aparecer en tu vida, espera que se abran muchas puertas. Espera lo inesperado. ¿Conoces el dicho: "Es demasiado bueno para ser verdad"? Bueno, puedes esperar que las cosas buenas que te lleguen sean mejores de lo que podrías haber imaginado, y serán verdad. Recuerda que debes compartir la abundancia en tu vida porque dar significa recibir aún más.

- El **nueve** es un número poderoso que representa la alineación espiritual, completar las cosas y encontrar el cierre. Cuando el nueve está en una secuencia de números angelicales, Rafael te está guiando a través de las últimas etapas de una situación o de los capítulos finales de un determinado libro de tu vida. El nueve es el número de los finales. Los finales no son necesariamente malos porque pueden conducir y conducen a nuevos comienzos. Así que, cuando notes este número, deja ir lo que sea que estés tratando y confía en que todas las cosas renacerán. Experimentarás un nuevo ciclo vital, que conducirá a la evolución de tu yo superior y te afectará positivamente en todos los sentidos.

Los números del ahorro de Siobhan

Esta es la historia de Siobhan:

"El 777 siempre ha aparecido desde que tengo uso de razón. Ha sido una especie de guía. Sin embargo, cuando aprendí sobre los arcángeles, me interesé mucho por Rafael. Cuanto más aprendía sobre este arcángel, más veía al 777. Llegué al punto de confiar en que, a menos que viera a 777, no tomaría ninguna decisión importante.

Un día, tenía que hacer un viaje. La noche anterior soñé que mi avión se estrellaba. Así que, al despertarme al día siguiente, sentí cierto temor, pero sinceramente sentí que no tenía más remedio que ir, ya que se trataba de un viaje de trabajo. Llegué al aeropuerto y vi un camión con el número 777 en la matrícula. Me sentí bien al ver el número hasta que vi lo que estaba escrito en un costado del camión. Las palabras "de vuelta a casa" me miraban con descaro. Inmediatamente, le pedí al conductor que me llevara de vuelta.

Más tarde, esa misma noche, estaba viendo las noticias. Resulta que el vuelo en el que yo debía viajar se estrelló justo antes de aterrizar. Ahora más que nunca, estoy seguro de que aquel aviso procedía del mismísimo ángel Rafael. Esa noche, me tomé un momento para agradecerle a Rafael su protección".

Verde esmeralda por todas partes

El verde esmeralda contiene la esencia de Rafael. Muchas personas que se han encontrado con este arcángel afirman haber visto el verde esmeralda. A veces, puede ser una luz que no es detectable por nadie más que por la persona a la que va dirigida. Otras veces, hay algo verde esmeralda en el entorno de la persona.

Puedes tener un sueño en el que predomine ese color en forma de luz, cristales o naturaleza. Normalmente, cuando lo ves, tiene un efecto muy profundo en tu conciencia. En otras palabras, te afecta mental y físicamente. Así que lo mejor sería empezar a prestar atención al verde esmeralda. No porque estés tratando de forzar su aparición, sino simplemente para reconocer que cada vez que lo notes, lo más probable es que Rafael esté cerca.

Danielle tocada por un ángel

Marshall había pasado por muchas cosas desde que su mujer sufrió un accidente automovilístico. Pese a los esfuerzos de los médicos, su mujer llevaba tres semanas inconsciente en el hospital. Marshall hizo todo lo que pudo para aprender formas de ayudar a alguien a recuperar la consciencia. Sin embargo, no tardó en perder la esperanza.

Un día, Marshall se topó con un artículo sobre cómo alguien afirmaba haberse conectado con el arcángel Rafael. La historia de esta persona lo inspiró. Decidió que se pondría en contacto con el arcángel. Marshall no era un hombre que rezara. No creía en ninguna realidad fuera de lo físico, pero ya lo había intentado todo. Estaba más que dispuesto a intentar rezarle a este ángel. Como él lo veía, nadie estaba cerca para juzgarlo por convertirse repentinamente en un creyente.

Así que se arrodilló y le rezó al arcángel Rafael en nombre de su esposa. Cuando terminó, volvió a sentarse, sintiéndose tonto. Unos instantes después, una enfermera que no había visto antes entró en la habitación. Le sonrió a Marshall mientras atendía a su mujer, Danielle. La enfermera mulló su almohada y acomodó su cuerpo correctamente en la cama. Y luego hizo algo que a Marshall le pareció un poco raro. Sin dejar de dedicarle una sonrisa a Marshall, la enfermera tocó brevemente la frente de Danielle. Luego puso las manos sobre el pecho de Danielle durante unos segundos. Se volvió hacia Marshall, sonrió y le dijo: "Te han escuchado".

Luego, justo cuando Marshall estaba a punto de preguntarle quién era, la enfermera salió de la habitación. Notó un extraño destello de luz verde contra la pared justo cuando la enfermera salía por la puerta. Marshall se quedó perplejo. Se volvió hacia su mujer y Danielle abrió los ojos por primera vez en 21 días.

Desaparición de los síntomas

La desaparición de los síntomas no siempre indica la presencia del arcángel Rafael. Podría haber otros factores, como que tu cuerpo se cure a sí mismo de forma natural. Sin embargo, aquellos que han invocado al arcángel Rafael para que los ayude con sus aflicciones, generalmente informan que han notado una reducción en la intensidad de sus síntomas. Si notas que esto ocurre cuando busques ayuda, no te alarmes.

Es importante señalar aquí que, además de trabajar con el arcángel Rafael, siempre debes buscar la ayuda de un profesional médico para confirmar que tu afección realmente está mejorando.

Ahora que ya conoces todas las señales que indican que el arcángel Rafael está presente y que está escuchando, es el momento de ver cómo puedes solicitar su ayuda para superar los pensamientos y emociones negativas. Lee el siguiente capítulo para aprender cómo Rafael puede ayudarte a tomar las riendas de tu bienestar emocional y mental.

Capítulo cuatro: Sanar los pensamientos y emociones negativas

Orarle al arcángel Rafael o conectarse con él de cualquier otra forma no implica que no necesites ver a un médico. Rafael puede ayudarte en el proceso de curación. Aun así, no está de más que hagas tu parte y seas responsable de tu salud acudiendo al hospital cuando algo te vaya mal a ti o a un ser querido.

El arcángel Rafael es conocido como el Príncipe Angelical de la Curación. No se limita a ayudarte con problemas de salud física, sino también con tus sentimientos, pensamientos y espíritu. La pregunta es, ¿por qué necesitarías sanación en cualquier otro nivel además del físico? ¿Importan las heridas que no se ven con los ojos? De hecho, ¿existen? Sí, existen, y sus efectos son perjudiciales.

Los efectos de los pensamientos negativos automáticos

Los pensamientos negativos automáticos, también llamados ANT, son ideas insidiosas que entran en la mente y, si no las controlamos, nos dominan y no llevan a criticarnos duramente, a vivir una vida llena de miedo y a dudar constantemente de nuestras capacidades. Estos pensamientos te hacen sentir que no eres lo bastante bueno y que, incluso con sangre, sudor y lágrimas, no lo conseguirás. La voz en tu cabeza te dice que no mereces ser feliz, que no deberías ser amado y que todas las cosas buenas tienen que llegar a su fin, suponiendo que alguna vez hayas tenido la suerte de experimentar algo bueno. Estos pensamientos alimentan emociones como la tristeza, el resentimiento, el desprecio, la ira, el dolor y la culpa, lo que dificulta vivir una vida llena de pasión y propósito.

Algunos estudios sugieren que los pensamientos negativos intrusivos también pueden afectar a la salud. Según un artículo titulado The Automaticity of Positive and Negative Thinking: A Scoping Review of Mental Habits, de Colvin et al., en Cognitive Therapy and Research, tener pensamientos negativos, criticarse a uno mismo y a los demás y preocuparse constantemente por las cosas puede provocar una pésima salud mental. También hay otro estudio en BMC Public Health de Grobosch et al., 2021, titulado Thoughts about health and patient-reported outcomes among people with diabetes mellitus: results from the DiaDec-study, en el que los investigadores descubrieron que las personas con diabetes mellitus que tenían un patrón de pensamiento negativo solían tener otros problemas de salud.

Cuando tienes un bombardeo constante de pensamientos y emociones negativas en la cabeza, tu cuerpo también sufre estrés. El torrente sanguíneo se inunda de cortisol, lo cual eleva la frecuencia cardiaca y la presión arterial a niveles preocupantes y hace que los músculos se tensen. Se trata de respuestas naturales ante una amenaza, pero cuando el cuerpo no puede desactivarlas, pueden surgir problemas cardiovasculares y un sistema inmunitario defectuoso. En cuanto a tus capacidades mentales, te resultará difícil ser creativo o encontrar el impulso para perseguir tus deseos. Tendrás una idea distorsionada de lo que es real frente a lo que no lo es, lo que te impedirá emprender acciones prácticas que podrían cambiar tu vida. Además, los pensamientos y emociones negativos son los principales impulsores de los malos hábitos que te mantienen cautivo y dificultan la elección de lo correcto para elevar tu vida y tu alma. Los siguientes son algunos de los pensamientos y emociones con los que el arcángel Rafael puede ayudarte.

Ansiedad

Vivir con ansiedad es como estar constantemente atrapado en una tormenta que se niega a amainar. Se siente siempre oscuro, premonitorio y pesado. A las personas que sufren ansiedad les cuesta respirar. A menudo, situaciones que no deberían ser un gran problema abruman a las personas que luchan contra la ansiedad. No importa si tu ansiedad tiene que ver con la procedencia de las facturas o con un viaje que debes hacer. Siempre se siente paralizante y se aferra firmemente a tu corazón, poniéndote en un lugar sin escapatoria. La ansiedad hace difícil sentirse libre. Cuando te dejas llevar por ella, es una emoción implacable.

El arcángel Rafael puede ayudarte a navegar por las tormentas de la ansiedad. Gracias a su poder curativo y a su presencia tranquilizadora, puedes recurrir a él para que te proteja de las cosas que te causan malestar. Mejor que eso, puede ayudarte a encontrar la fuerza para perseverar a través de lo que sea que estés pasando. Digamos que te encuentras en un avión y siempre te ha puesto nervioso volar. Puedes invocar al arcángel Rafael para que te ayude a controlar tus emociones de ansiedad. Puedes notar que la ansiedad sigue ahí, pero te sientes más en paz con ella y puedes simplemente observarla como si fuera un invitado en tu mente. Al ayudarte a ver la ansiedad de esta manera, Rafael te muestra que no tienes que identificarte con una emoción sólo porque la sientas. Te ayuda a entender que las emociones son pasajeras y no son tu identidad.

Ritual para la ansiedad

Siempre que sientas ansiedad, puedes hacer este ritual en cualquier lugar:

1. Busca un lugar tranquilo donde no te distraigan ni te molesten.
2. Tómate un momento para poner los pies en la tierra. Cierra los ojos, respira profundamente y concéntrate en el momento presente.
3. Establece tu intención de llamar al arcángel Rafael. Tu intención debe ser clara. En este caso, quieres buscar su ayuda para superar la ansiedad que te atenaza.
4. Con los ojos de tu mente, imagina una brillante luz esmeralda que te rodea. Siente esta luz mientras energiza tu cuerpo de la cabeza a

los pies. Permite que la luz sanadora del arcángel Rafael te atraviese.

5. Al inspirar, permite que esta luz fluya hacia sus pulmones y se extienda a cada parte de tu cuerpo.
6. Al exhalar, imagina que tu ansiedad es una nube de energía negra que emerge a través de tus labios ligeramente entreabiertos con cada exhalación.
7. Mientras continúas respirando, siente cómo esta ansiedad en tu vientre o en tu pecho continúa desvaneciéndose con cada exhalación.
8. En este punto, deberías sentirte más tranquilo y con los pies en la tierra. Deberías sentir una inconfundible sensación de calma.
9. Si lo deseas, utiliza afirmaciones para aumentar la calma y la paz que sientes en tu interior. Puedes usar una afirmación sencilla como: *"Ahora estoy tranquilo. Ahora estoy en paz".*
10. Tómate un momento para agradecerle a Rafael por ayudarte y aparecer como siempre lo hace.
11. Vuelve a centrar tu atención en la respiración y deja que te enraíce brevemente antes de abrir los ojos. Comprende que cuando abandones ese espacio, llevarás contigo la luz verde y tranquilizadora de Rafael.

Una vez más, es importante recordar que puedes utilizar este ritual en cualquier momento y en cualquier lugar.

Estrés laboral

Vives en un mundo en el que es natural estar estresado por el trabajo. Tan pesada es la carga del trabajo sobre tu alma que empaña todo lo que haces. Empiezas como un niño vibrante, deseoso de explorar la vida, aprender cosas nuevas y ofrecerle tus dones al mundo. Sin embargo, en algún momento, la vida encuentra la forma de agobiarte. El sistema que impera en este mundo no favorece el juego. Consigue que las cosas más agradables de la vida se conviertan en un trabajo pesado. El resultado inevitable es que acabas sintiéndote muy estresado. Incluso cuando vuelves del trabajo, esas preciosas horas antes de tener que volver a hacerlo al día siguiente están contaminadas por el estrés de la oficina o de tu negocio. Por desgracia, la mayoría de la gente no sabe cómo manejar este estrés de forma eficaz, así que se desquita con sus seres queridos, adquiriendo malos hábitos para sentirse bien.

Puedes recurrir a Rafael para que te ayude a manejar el estrés. Hace un excelente trabajo recordándote la fuerza que llevas dentro. Además, puede preparar las cosas para que ya no estés tan estresado como antes de pedirle ayuda. Otra cosa que puede hacer por ti es ayudarte a encontrar de nuevo el amor y la pasión por lo que haces. Normalmente, cuando las personas encuentran un trabajo que se alinea con sus ideales, sienten como si ni siquiera estuvieran trabajando. Si estás en una situación que necesita cambiar, Rafael puede ayudarte a lidiar con esto para que puedas estar menos estresado sobre tu propósito en la vida. Si estás exactamente donde necesitas estar, él puede ayudarte a cambiar tu perspectiva para que puedas empezar a apreciar tu trabajo.

Ritual para el estrés laboral

Debes realizar este ritual ya sea al comienzo o al final de tu día.

1. Empieza por buscar un lugar tranquilo. Necesitarás al menos de 10 a 15 minutos a solas.

2. Cierra los ojos, separa ligeramente los labios e inspira profundamente por la nariz. Exhala suavemente por los labios entreabiertos. Mientras respiras, deja que tu cuerpo y tu mente se relajen y se arraiguen en el momento.

3. Ahora, es el momento de invocar la presencia del arcángel Rafael. Puedes hacerlo diciendo: "Arcángel Rafael, por favor ven a mí ahora con tu sanación y amor. Guíame para que pueda soltar el estrés y experimentar más dicha y paz en la vida".

4. En tu mente, imagina la brillante luz esmeralda de Rafael. Observa esta luz mientras brilla alrededor de la habitación, acercándose gradualmente a ti. Siéntela mientras te envuelve. Deberías sentirte más relajado y tranquilo. Esta luz está llena de tranquilidad y paz.

5. Al exhalar por los labios ligeramente entreabiertos, deja que toda la tensión y el estrés que sientes en el cuerpo y en la mente se disipen. Si sientes que te bombardean pensamientos negativos sobre el trabajo, no intentes luchar contra ellos. En lugar de eso, obsérvalos como si fueran pájaros volando al otro lado de la ventana. Comprende que los pájaros sólo estarán allí brevemente, y deja que tus pensamientos negativos fluyan.

6. En este punto, puedes utilizar afirmaciones para reafirmar tu paz y tranquilidad. Puedes decir simplemente: *"Ahora dejo ir todo el estrés que sentía antes. Ahora me abro a la calma y la paz de Rafael"*.
7. Agradece al arcángel por aparecer y ayudarte a superar el estrés.
8. Con una última inhalación y exhalación, abre suavemente los ojos y siente que tu conciencia vuelve a la habitación. Ahora puedes llevar una sensación de calma y tranquilidad a tu día.

Independientemente de lo apretada que esté tu agenda del día o de dónde te encuentres, puedes llevar a cabo este ritual en cualquier momento para ayudarte a manejar el estrés mejor de lo que nunca creíste posible.

Adicción

La adicción es tan poderosa que es difícil incluso darte cuenta de que eres adicto. Normalmente, los adictos se sienten como si estuvieran encerrados en una celda, y las llaves han sido arrojadas a un profundo abismo, para no volver a encontrarlas nunca más. La adicción hace que te autosabotees. Puede que seas adicto a patrones de conducta o a sustancias que te ofrecen un alivio momentáneo, pero que acaban causando estragos en tu salud física y mental.

La adicción te afecta de todas las formas posibles. Te convence de que no hay otra opción que rendirse. Sigue prosperando gracias a los miedos que tienes. Todo el mundo tiene inseguridades, que son la forma perfecta de que la adicción se apodere de ti. Puede que hayas experimentado algo traumático y doloroso en tu pasado que te haya llevado a tu estado mental actual. Te encuentras indefenso y dependiente de ciertos comportamientos o sustancias que drenan tu fuerza vital.

Afortunadamente, el arcángel Rafael puede ayudarte en tus esfuerzos de recuperación. Una vez más, es importante señalar que no debes intentar tratar tus adicciones sin la ayuda de profesionales. No asumas que sólo porque has invocado a un ser celestial, no necesitas la ayuda de nadie más. Por el contrario, puedes considerar a estos profesionales como ayudantes y facilitadores de Rafael. Él puede ayudarte a liberarte.

Lo bueno de trabajar con un arcángel, especialmente el arcángel de la curación, es que iluminará las verdaderas fuentes de tu comportamiento adictivo. No basta con decidir dejar de hacer algo. Es difícil descubrir de dónde procede el impulso que nos lleva a participar en estas prácticas nocivas, y mucho más averiguar cómo abordar el problema principal. Pero, trabajando con el arcángel Rafael, experimentarás una curación verdadera y duradera. Él no sólo te ayudará a detener el comportamiento adictivo, sino también a sanar las heridas emocionales y el trauma que te llevaron a él en primer lugar. A medida que te recuperes, Rafael te dará toda la fuerza y la ayuda que necesitas para atravesar el traicionero viaje de volver a la plenitud.

Ritual para abandonar las adicciones

Tanto si el comportamiento adictivo con el que estás luchando es comer compulsivamente, ver pornografía, fumar o cualquier otra cosa, puedes utilizar este ritual para invocar al arcángel Rafael para que te ayude a solucionarlo.

1. Busca un lugar agradable y tranquilo.
2. Enciende una vela blanca.
3. Siéntate o túmbate en una posición cómoda y cierra los ojos. Separa ligeramente los labios.
4. Inhala por la nariz y exhala por los labios. Continúa hasta que te sientas totalmente presente y concentrado.
5. Ahora, imagina la curativa luz esmeralda de Rafael fluyendo hacia ti desde el cielo y envolviéndote de pies a cabeza.
6. Con la luz rodeándote, declara tu intención con valentía y sinceridad en tu corazón. También debes confiar plenamente en Rafael para que te ayude a trabajar en tu adicción.
7. Con los ojos de tu mente, imagina la adicción con la que luchas como una bola de energía oscura y pesada que se encuentra justo en medio de tu pecho. Mientras inhalas, respira la luz de Rafael.
8. Al exhalar, expulsa la adicción. Continúa este proceso hasta que sientas que la bola se vuelve cada vez más clara. El objetivo es llegar a un punto en el que la oscuridad haya desaparecido, y estés lleno de luz verde y sanadora.
9. Ahora, imagínate meses o años después del momento presente. Imagina que llevas años sin caer en conductas adictivas. Siente que la gratitud te invade cuando te das cuenta de que por fin has superado lo que antes pensabas que nunca podrías vencer.

10. Ahora, afirma lo siguiente: *"Arcángel Rafael, te doy las gracias. Me has liberado y por siempre permaneceré libre".*
11. Agradécele a Rafael por ayudarte a ver lo que es posible y liberarte de la adicción.
12. Inhala una vez más por la nariz, exhala por los labios y luego abre suavemente los ojos y vuelve al presente.

Fobias

Todo el mundo tiene alguna fobia difícil de explicar, racionalizar o superar. Estos miedos son incontrolables y van más allá de toda explicación. Cuando te enfrentas a una fobia, te sientes como si estuvieras atrapado en la red de terror más pegajosa. Rafael puede enseñarte que no hay nada que temer, excepto el miedo mismo.

¿Qué son exactamente las fobias? Provienen de experiencias y recuerdos profundamente arraigados que son el origen de intensos traumas. Al carecer de la capacidad de enfrentarse a la experiencia traumática cuando ésta ocurre, la mente empuja esos recuerdos al subconsciente, donde no tiene que enfrentarse a ellos hasta que recuerda esa fobia en particular. Existen teorías según las cuales algunas de las fobias con las que lidias no provienen necesariamente de tu encarnación actual, sino de una vida anterior. Sea cual sea el origen, es imposible negar su poderosa y siniestra influencia. Te impiden ser verdaderamente libre y, en casos debilitantes, pueden impedirte lograr lo que quieres en la vida. Las fobias pueden robarte la alegría y hacer que tus días sean tan oscuros como la noche.

Sin embargo, no es necesario que te preocupes por esto si invocas al arcángel Rafael para que te ayude a procesar la fobia. Es una elección excelente para ayudarte a superar lo que te aterroriza. Él hace brillar una luz para iluminar que las sombras no son sustanciales y no deben ser temidas. Su luz verde y amorosa destierra todos los monstruos que imaginas que hay en tu camino. Veamos un ritual que puedes utilizar para ayudarte a lidiar con las fobias, con el arcángel Rafael luchando tus batallas a tu lado.

Ritual para las fobias

1. Busca un lugar libre de distracciones. No querrás que te molesten durante este ritual.
2. Enciende una vela blanca o una verde para representar la energía de Rafael y la curación.
3. Cierra los ojos, separa ligeramente los labios, inhala por la nariz y exhala por la boca. Concéntrate en traer tu conciencia al momento presente.
4. Imagina que la llama de la vela es verde. Imagina que su luz brilla con más intensidad a medida que respiras. Imagina que la luz verde te envuelve. Es una sensación increíble, cálida, relajante y curativa.
5. Ahora, llama a Rafael diciendo o pensando: *"Rafael, dulce Rafael, el mayor sanador de todos, te invoco. Busco tu amor, protección y ayuda para poder dominar mi miedo (menciona la fobia que quieres que te ayude a superar). Por favor, ayúdame. Libérame de esta fobia. Muéstrame cómo ser valiente, fuerte y valeroso incluso cuando me mira fijamente a la cara"*.
6. Imagina a Rafael de pie ante ti, brillando con una hermosa luz verde. Míralo a los ojos, penetrantes pero amorosos, y deja que el poder te embargue.
7. Ahora, afirma tantas veces como quieras: *"Ahora libero todo miedo y acepto el amor y la curación en mi vida"*.
8. Imagina que te enfrentas a lo que sea que temes, con Rafael a tu lado, y manejas la situación con gracia, confianza y audacia.
9. Agradécele al Arcángel por apoyarte y ayudarte a manejar tu fobia. Confía en que él la abordará de la mejor manera posible.
10. Respira profundamente unas cuantas veces más para volver al presente, abre los ojos y apaga las velas, o déjalas arder mientras sientes gratitud por haber manejado tus fobias.

Tristeza, dolor y duelo

Todos experimentamos tristeza. A veces, las cosas no salen según lo planeado. Los sueños y objetivos que esperabas haber cumplido en algún momento dado no se han hecho realidad. Pierdes algo que significa mucho para ti, o echas un vistazo al estado del mundo y descubres que los acontecimientos son espantosos e increíbles, y que pesan sobre tu espíritu. En cualquier caso, esta oscuridad nos afecta a todos, y eso es porque, como ser humano, eres vulnerable. Debes recordar que la tristeza nunca es permanente. Es como mirar al cielo. Por mucho que intentes mantener una nube ahí, con el tiempo desaparecerá.

La tristeza tiene su lado positivo, por duro que sea darte cuenta de ello cuando ya te ha embargado. La tristeza está ahí para enseñarte que algo va mal. Te muestra que arrastras dolor y que, en lugar de actuar como si todo fuera bien, debes tomarte el tiempo necesario para dejar el dolor y mirarlo. Debes procesar lo que te duele antes de elevarte por encima de ello o impedir que te defina. El arcángel Rafael puede ayudarte con el proceso de experimentar tu tristeza y obtener la fuerza y la resistencia necesarias para superar el dolor.

La pena y el duelo son más intensos que la tristeza. Por ejemplo, puedes perder a alguien cercano a tu corazón o un trabajo o relación importante. El duelo implica otras emociones como desesperación, ira, culpa y tristeza. Es natural e inevitable cuando nos enfrentamos a una pérdida, pero a veces puede ser difícil salir del sentimiento de pena. Si es aquí donde te encuentras, debes saber que puedes contar con la ayuda de Rafael. En cuanto al duelo, es el periodo después de haber perdido a alguien. Estás de luto. Tomará el tiempo que sea necesario, pero cuando ha llegado al punto en que ya no puedes vivir ni siquiera con terapia, la intervención divina puede ser exactamente lo que necesitas.

Meditación para la tristeza, el dolor y el duelo

El siguiente, es un sencillo ritual que puedes hacer para que Rafael te ayude a sentirte mejor cuando estés triste o cuando necesites dejar atrás la pena y el duelo.

1. Ve a un lugar tranquilo y libre de distracciones.
2. Enciende una vela verde o blanca y colócala sobre una superficie segura frente a ti.
3. Toma un bolígrafo y un bloc de notas.
4. Siéntate cómodamente y cierra los ojos. Realiza algunas respiraciones profundas y enraizadas.

5. A medida que tu mente se calme, imagina raíces marrones que crecen desde la planta de tus pies, se adentran en el suelo y te anclan a la energía de la tierra. Permite que estas raíces te hagan sentir más estable y seguro.
6. Invoca al Arcángel Rafael. Haz una simple declaración invitándolo a tu espacio y haciéndole saber que buscas su consuelo y ayuda en estos momentos difíciles.
7. Abre los ojos y busca tu diario. Empieza a escribir todo lo relacionado con la situación a la que te enfrentas. La intención de este ejercicio es ayudarte a liberar tus emociones. No tengas miedo de sacarlo todo. Nadie leerá esto aparte de ti.
8. Cuando termines de escribir, léelo todo. Puede que sientas el impulso de llorar si no lo estabas haciendo ya durante el proceso de escritura. Ten en cuenta que las lágrimas están bien. Debes leer lo que has escrito en voz alta y, al hacerlo, ser consciente de lo mucho que duele y de lo pesado que se siente.
9. Es el momento de liberar el dolor. Sujeta el papel sobre la llama de la vela con unas pinzas, dejando que prenda fuego. Cuando el papel empiece a arder, imagina mentalmente que es todo lo que te ha oprimido. Luego, colócalo en un lugar seguro y deja que siga ardiendo.
10. Imagina que el humo se transforma en una luz verde esmeralda. A medida que se eleva y se disipa, permítete sentir el alivio de haber derramado tu corazón y transmutado tu tristeza y dolor en sanación.
11. Cuando el papel termine de arder, apaga las velas.
12. Cierra los ojos. Imagina que estás mirando esta hermosa luz esmeralda que es la firma de Rafael. Imagina que te rodea y comienza a derramarse en el centro de energía de tu corazón. A medida que esta luz verde llene tu corazón, disuelve y elimina todo el dolor que sientes.
13. Imagina que tu corazón brilla con luz verde, verde esmeralda. Eso significa que tu corazón, cuerpo y mente también están curados.
14. Agradécele al arcángel Rafael por infundir tu cuerpo, mente y alma con su amorosa energía que te sana y transforma. Puedes darle las gracias en tu corazón o en voz alta. Lo maravilloso de

hacerlo en voz alta es que sentirás que las vibraciones de sanación y gratitud inundan tu cuerpo.

15. Siéntate en la quietud mientras disfrutas del resplandor verde esmeralda de tu corazón y de Rafael. Cuando estés preparado, abre los ojos y lleva esta energía contigo durante todo el día. Puedes repetir este ritual cuando quieras, tantas veces como quieras.

El arcángel Rafael también puede ayudarte a manejar relaciones problemáticas. Estará encantado de ayudarte. Profundiza sobre este tema en el siguiente capítulo.

Capítulo cinco: Sanando relaciones y matrimonios

El arcángel Rafael es conocido por ser un celestino que ayuda a las personas a profundizar sus conexiones a nivel espiritual. No sólo es el maestro de la curación, sino también del amor, lo cual tiene sentido, ya que el amor es la energía que potencia la curación. Es por eso por lo que trabajar con el chakra del corazón es siempre una buena idea al hacer cualquier meditación, ritual o invocación que involucre sanación y a Rafael.

El Arcángel Rafael es conocido por ser invocado para ayudar a sanar las relaciones[6]

Facilitar las uniones matrimoniales

En el libro de Tobit, el arcángel Rafael ayudó a Tobías y Sara con el demonio para que pudieran seguir disfrutando de una vida matrimonial duradera y feliz el uno con el otro. Ahora bien, puede que tu relación no esté sufriendo a causa de entidades malignas reales. Sin embargo, el hecho es que cuando hay problemas entre tú y tu pareja, hay algo de oscuridad. Podrías utilizar la luz de Rafael para iluminar el amor que aún existe entre ustedes para que puedan recordar por qué ambos funcionan tan bien en primer lugar. Pero más que eso, si has estado soltero durante bastante tiempo y quieres a alguien a quien llamar amor, puedes acudir a Rafael para que te ayude. Él puede preparar una situación en la que encuentres a alguien destinado para ti. Por algo es un celestino. Puedes pedirle ayuda para encontrar a la persona adecuada para ti. Aquí tienes una sencilla meditación que puedes utilizar para que Rafael te ayude a conseguir el amor de tu vida:

1. Busca un lugar cómodo y tranquilo. Cierra los ojos y respira profundo.
2. En tu mente, imagina que la luz verde de Rafael te rodea.
3. Ahora, imagina esta luz verde transformando tu espacio en un exuberante jardín. En tu mente, ve al arcángel Rafael acercándose a ti con sus alas bien extendidas.
4. Imagínatelo acercándose a ti con ambas manos, colocando una sobre tu pecho, donde está tu corazón, y la otra sobre tu cabeza.
5. Imagina que de sus dos manos fluye hacia ti energía verde, sanadora y amorosa.
6. Imagina que te quita las manos y que tu chakra del corazón se ilumina con luz verde esmeralda.
7. Imagina que esta luz verde forma una línea recta que se extiende ante ti. Observa que a lo lejos, en este gran y magnífico jardín, hay otra persona cuyos rasgos apenas puedes distinguir. Observa que la línea recta de luz verde de tu corazón fluye hacia el corazón de esta otra persona en el otro extremo del jardín.
8. Siente la sensación de ser amado y de amar a alguien. Esta otra persona al otro lado del jardín es tu pareja destinada.
9. Dale las gracias a Rafael.

10. Cuando estés preparado, haz unas cuantas respiraciones más mientras vuelves gradualmente a tu realidad física y abres los ojos. Siempre que te sientas solo o desees que alguien esté a tu lado, simplemente recuerda este ejercicio y deja que te reafirme que ya has conectado con esa persona. Se te revelará en el momento adecuado.

Nota: También, si ya estás casado o tienes pareja, puedes utilizar este ejercicio para fortalecer el amor por ella. En este caso, visualízate abrazado a tu pareja y deja que la luz verde y amorosa fluya directamente de un corazón al otro.

Mantenerse fieles

Rafael puede ayudarte cuando sientas la tentación de alejarte de tu pareja. Supón que alguna vez te encuentras en una situación en la que tu deseo por otra persona es abrumador, o en la que un tercero se ha propuesto como misión en la vida "atraparte". En ese caso, puedes pedirle a Rafael que te ayude. Este arcángel es consciente de que eres humano. Sabe que pueden surgir complejidades y causar problemas incluso cuando el amor entre tú y tu pareja es fuerte. Una de las formas en que puede ayudarte con esto es haciéndote reflexionar sobre tus pensamientos y emociones. También puede ayudarte a descubrir las influencias externas que dificultan tu compromiso con tu pareja. Te facilitará la comunicación sincera con tu pareja sobre tus dificultades. La comunicación siempre es la clave.

Puedes realizar el siguiente ritual para asegurarte de que tu pareja y tú sigan siéndose fieles el uno al otro. Para este ejercicio, necesitarás un cristal de esmeralda. Si no tienes uno, utiliza un cristal de cuarzo.

1. En primer lugar, busca un lugar tranquilo donde no te molesten durante los próximos 10 o 15 minutos.
2. Prepara el espacio para tu ritual con una iluminación suave y música tranquila. Si lo deseas, puedes incorporar cristales y velas.
3. Siéntate cómodamente y cierra los ojos. Respira profundamente unas cuantas veces para conectarte con el momento.
4. Sujeta la esmeralda entre las manos. Mientras respiras, imagina que estableces una conexión energética entre tú y el cristal. Puedes hacerlo viendo una luz esmeralda brillante que sale del cristal, fluye a tu alrededor y envuelve tu cuerpo. Siente cómo la energía del cristal fluye hacia ti y a través de ti.

5. Invoca al arcángel Rafael. Expresa tu intención con claridad y valentía pidiéndole que te guíe a través de tu ritual y te ofrezca la energía y el estado de ánimo necesarios para permanecer fiel a tu pareja. Expresa también todo lo que deseas con respecto a tu relación. Lo único que importa es que hables desde el corazón.

6. Imagina que la energía de Rafael infunde el corazón de tu pareja y el tuyo. Imagina que esta energía forma un lazo que los envuelve a ti y a tu pareja, acercándolos para que se conviertan en uno solo. Esta energía creará lealtad, confianza y amor entre ustedes.

7. Agradécele a Rafael por su guía y asistencia.

8. Realiza algunas respiraciones más. Cuando te sientas preparado, abre los ojos. Te resultará útil llevar el cristal dondequiera que vayas.

Enfrentarse a los conflictos

En una relación, es inevitable que de vez en cuando surjan conflictos con la pareja. Desgraciadamente, no todo el mundo tiene las habilidades adecuadas para gestionar los conflictos con éxito, y lo que debería haber sido un asunto menor se convierte en algo desproporcionado que destruye una unión que antes era hermosa. Cuando surgen los conflictos, Rafael puede ayudar a los miembros de la pareja a afrontar la situación de forma que cada uno se sienta comprendido. Sus esfuerzos fomentan que el amor entre ambas partes sea más fuerte que nunca. Hace posible que los temas problemáticos se discutan de forma que florezca la compasión.

A menudo, los conflictos pueden llegar a un punto en el que cada persona sólo siente rabia y resentimiento. Rafael puede ayudarte a tener la paciencia necesaria para escuchar a tu pareja y ver las cosas a través de sus ojos, lo que aumenta la empatía y la conexión entre los dos. Además de facilitar el diálogo con tu pareja, el arcángel celestino también puede ayudarlos a encontrar formas en las que sus perspectivas aparentemente diferentes se entrelacen e ideen las mejores soluciones que satisfagan lo que cada uno de ustedes necesita de la relación. En otras palabras, si quieres que las cosas terminen siempre con una nota en la que todos salgan ganando, deberías pedirle a Rafael que intervenga antes de hacer cualquier otra cosa. Aquí tienes un excelente ritual que puedes utilizar para tratar los conflictos.

1. Como siempre, lo primero que debes hacer es crear un espacio sagrado que sea tranquilo y esté libre de distracciones y molestias. Recuerda que puedes crear el ambiente adecuado utilizando una iluminación suave y asegurándote de que la habitación tenga la temperatura adecuada. Algo de música relajante para meditar también puede ayudar.

2. Enciende una vela verde. Esta vela representa la armonía y la curación que buscas entre tu pareja y tú. Si quieres, puedes realizar este ritual con tu pareja, pero si no está dispuesta, puedes realizarlo tú solo, confiando en que obtendrás los resultados que buscas.

3. Invoca al arcángel Rafael. Es posible que tengas que respirar profundamente para calmarte mientras te concentras en su luz verde esmeralda que desciende del cielo y te envuelve.

4. Cuando sientas su presencia, estás preparado para expresar tus sentimientos hacia tu pareja. Primero, tómense de las manos y sujétenlas con suavidad y cariño. Exprésenlo todo, incluidas sus frustraciones, enojos y todas las cosas positivas que aman el uno del otro. Tienes que expresarlo todo. Si haces este ejercicio con tu pareja, ella también debe expresar cómo se siente. En este caso, ambos deben ser respetuosos durante el turno de palabra del otro. Hay una manera de comunicar las quejas sin que la otra persona se sienta atacada. Ten cuidado con las palabras que eliges, pero di tu verdad.

5. Si la tensión aumenta, ambos deben hacer una pausa y respirar profundamente para volver a la intención de este ritual, que es encontrar la unidad y el amor una vez más. Cuando las tensiones son difíciles de ignorar, puedes pedirle a Rafael que intervenga trayendo energía pacífica y calmante. También puedes imaginar que la luz esmeralda que los rodea crece en intensidad, animándolos a ambos a ser más compasivos y comprensivos el uno con el otro.

6. Cuando terminen de compartir, imaginen que la luz esmeralda emana de sus manos y fluye hacia sus corazones. Luego, imaginen que la luz verde del corazón de cada uno emana y se irradia hacia el otro, tocando su corazón. Ahora están en un capullo amoroso y energético. Este es el punto de fusión y unión de sus espíritus, donde se convierten en uno.

7. Tómense unos momentos para apreciar lo que aman el uno del otro. Pueden pensar en ello mentalmente, pero sería más beneficioso decir las palabras en voz alta para que tu pareja pueda también oírte y apreciarte.
8. Si estás realizando este ritual a solas, puedes traer a tu mente la imagen de tu pareja mientras lo haces. Puedes sostener sus manos en tu mente.
9. Cuando estés listo, agradécele a Rafael por haberte ayudado.
10. Respira tranquilamente, con los pies en la tierra, y cuando estés preparado abre los ojos. Pueden abrazarse y profesarse su amor. Abandona ese espacio sagrado con la intención de permanecer conectado, en paz y enamorado de tu pareja.

Recuperar la confianza y la chispa

En ocasiones, es posible que tu pareja y tú pierdan esa chispa que una vez tuvieron. Puede deberse a que ambos hayan estado demasiado ocupados para prestarse atención o, peor aún, a que estén luchando contra las secuelas de una infidelidad. Cuando se trata de esto último, es difícil sentir la chispa o la conexión si ya no confían el uno en el otro. ¿Es posible superar esta situación y que las cosas vuelvan a ser como antes? Si los dos quieren que las cosas funcionen, pueden conseguirlo. ¿Quién mejor que el mismísimo Rafael para ayudarlos a superar esta mala racha en la relación?

Cuando ya no confían el uno en el otro, la energía de Rafael puede reparar la confianza rota. Te muestra cómo has contribuido a la situación actual y cómo puedes asumir la responsabilidad de arreglar las cosas. Te enseña a perdonar y te da la fuerza para tener la mente lo suficientemente abierta como para comprender al otro y ver a través de los problemas que hay bajo la superficie.

Rafael sabe más que nadie lo importante que es encontrar la chispa del amor verdadero en una relación. Sus esfuerzos se centran en que te pongas en contacto con tus emociones y hagas lo mismo con tu pareja. De este modo, ambos podrán recordar qué es lo que los hizo incapaces de pensar en otra cosa. Él los guiará sin juzgarlos hasta que ambos vuelvan a descubrir la alegría de estar juntos. De este modo, podrán recuperar el romanticismo perdido y sentir algo de esperanza en su futuro.

Es posible recuperar la confianza perdida. Aquí tienes un gran ritual que puedes utilizar para recuperar la confianza y asegurarte también de recuperar la chispa que tenían el uno por el otro.

1. Lo primero que debes hacer es crear un espacio sagrado. Prepáralo como lo harías habitualmente, pero intenta que esta vez sea lo más romántico posible. Puedes utilizar flores blancas y verdes, algo de música agradable, preferiblemente sin letra, y una iluminación suave y apacible. Considera la posibilidad de utilizar incienso o aceites que recuerden al amor y la suavidad. El aceite con esencia de rosa es una opción excelente.
2. Tú y tu pareja deben sentarse uno frente al otro y tomarse de las manos. Cierra los ojos y haz unas cuantas respiraciones de conexión a tierra.
3. Ahora que ambos se sienten presentes y enraizados, deben invocar la presencia del arcángel Rafael. Cada uno de ustedes puede pedirle por turnos que infunda su amor sanador en su pareja. No es necesario que utilicen palabras específicas. Lo único que importa es que hablen desde el corazón y con sinceridad.
4. Los dos pueden hablar de sus problemas de confianza. Es importante que el punto principal de esta conversación sea recordar los mejores momentos que han vivido al principio de la relación, cuando la chispa aún era fuerte. Ahí es donde deben centrar su atención.
5. Cuando hayan terminado de compartir, pasen 5 minutos mirándose profundamente a los ojos. Deben mantener el contacto visual. No se trata de un concurso de miradas, sino de una oportunidad para mostrar sus almas. En el espíritu de vulnerabilidad, es más fácil que fluya la energía del arcángel Rafael. No se alarmen si alguno de los dos, o ambos, lloran.
6. Profesen su amor mutuo y su compromiso con una relación sana y exitosa.
7. Cuando estén listos, ambos deben agradecerle al arcángel Rafael por su asistencia y por ayudarlos a redescubrir la chispa que creían perdida.

Lidiar con traumas de relaciones pasadas

Rafael puede ayudarte a superar los traumas que hayas sufrido en relaciones pasadas. Si has vivido malas experiencias en relaciones pasadas, como abusos de cualquier tipo (físicos, mentales, emocionales, económicos, etc.), traiciones, discusiones constantes, etc., es probable que arrastres heridas de esas relaciones. Esas heridas afectarán a tu forma de interactuar con tu pareja actual o futura. Tu pasado hará que actúes de determinadas maneras, que interpretes las cosas a través de lentes específicos, que tengas respuestas emocionales y comportamientos únicos, etcétera. Lógicamente, sabes que se trata de una persona nueva, diferente. Aun así, actúas para evitar que te vuelvan a hacer daño. A veces, tus decisiones no son necesariamente las mejores para la relación.

Las cosas desagradables de tu pasado pueden dificultar que establezcas un vínculo emocional con otra persona, ya que mantienes una parte de ti permanentemente oculta; normalmente, la parte vulnerable, que necesitas compartir para desarrollar una conexión más profunda con tu pareja. Te cuesta confiar en los demás, por lo que te refugias detrás de un muro para evitar que te hagan daño, pero eso también te impide establecer una conexión verdadera y afectuosa. Abordas con cautela tus interacciones con posibles parejas, lo que puede ahuyentarlas. Si consigues entablar una relación, es posible que te encuentres lidiando con conflictos, desequilibrios de poder y que te quedes helado mientras repites los patrones del pasado porque ahora están arraigados en tu mente. Son un hábito.

Otra cosa insidiosa de tu pasado traumático es que puede producirte una baja autoestima. Eso puede llevarte a conformarte con lo mínimo. En el peor de los casos, te encontrarás lidiando con críticas, manipulación y abuso emocional a manos de tu nueva pareja (que básicamente es la anterior, pero con otra cara). Si quieres tener la oportunidad de tener una relación sana en la que puedas ser auténtico y sentirte seguro, necesitas ayuda para superar las creencias autolimitantes. Quieres estar en una relación en la que puedas comunicarte libremente sin miedo. Pero ¿cómo hacerlo? Además de la terapia, puedes pedirle a Rafael que te ayude.

El trauma que ensombrece tus relaciones puede ser sanado, y Rafael es el arcángel adecuado para ello. Puede apoyarte y ayudarte a recuperar tu salud emocional y mental. Lo hace llevándote suavemente a afrontar tus heridas y a tratarlas para que puedas liberarte del dolor y centrarte en el aquí y el ahora. Te mostrará cómo volver a confiar y ser vulnerable para que puedas volver a disfrutar del amor.

Por devastadores que sean los efectos del trauma, puedes manejarlos con la ayuda del arcángel Rafael. Puedes realizar el siguiente ritual para ayudarte a sanar esas heridas.

1. Ve a un lugar tranquilo y libre de perturbaciones y distracciones.
2. Enciende una vela blanca. Al igual que el color verde, el blanco representa la energía de la curación. Además, también representa el concepto de pureza e inocencia.
3. Túmbate o siéntate cómodamente. Cierra los ojos. Respira profunda y profundamente, permitiendo que tu cuerpo y tu mente se enraícen en el momento.
4. En el ojo de tu mente, imagina que te rodea una luz esmeralda brillante y relajante. Esta luz proviene del mismísimo Arcángel Rafael.
5. Invoca la presencia de Rafael diciendo que necesitas que te ayude a sanar. Una vez más, las palabras que utilices para este ritual no importan, siempre y cuando hables desde tu corazón. Recuerda que tu intención para este ritual es encontrar todas las heridas emocionales de las que puedas no ser consciente, sacarlas a la luz y sanarlas. Si recuerdas ciertas experiencias traumáticas mientras estás sentado en presencia de Rafael, siéntete libre de compartirlas con él. Puedes romper en llanto o dejarte llevar por las emociones. Recuerda, puedes compartirlo todo porque con él siempre estarás seguro.
6. Cuando te sientas preparado, dale las gracias por escucharte. Dale las gracias a Rafael porque sabes que sanará no sólo el trauma del que eres consciente, sino las heridas más profundas a las que no has podido acceder con tu mente consciente.

La necesidad de la humildad

Cuando invoques a Rafael, no puedes esperar que arregle las cosas sin que tú pongas de tu parte. Lo que debes hacer es pedirle que te explique cómo arreglar los problemas de pareja a los que te enfrentas. Siempre hay alguna acción concreta que puedes llevar a cabo para demostrarle a tu pareja que todavía la quieres y que deseas que la relación funcione, así que escucha y observa atentamente cualquier mensaje que te llegue luego de invocar a Rafael.

Además, no puedes ser orgulloso cuando te pongas en contacto con Rafael para arreglar tu relación. Después de saber que él puede ayudar en las relaciones, algunas personas piensan que pueden hacer que Rafael obligue a su pareja a volver arrastrándose, pidiendo disculpas y haciendo todo el trabajo por su cuenta. No quieren tener que hacer nada, pero las cosas no funcionan así. No seas como ellos. Debes ser humilde y estar dispuesto a buscar el perdón.

Debes dejar a un lado cualquier noción que tengas sobre merecer reparaciones o cualquier cosa por el estilo y simplemente perdonar a tu cónyuge (siempre que tus problemas no pongan en peligro tu vida, como en el caso del abuso, por ejemplo). Debes mostrar misericordia para ayudar a Rafael a ser aún más eficaz en su trabajo.

Ahora que ya sabes cómo Rafael puede ayudarte a sanar tus relaciones y matrimonios, descubrirás cómo también puedes recurrir a su poder para sanar tu cuerpo. El siguiente capítulo trata sobre cómo ser sanado con su amor.

Capítulo seis: Sanando el Cuerpo Físico

El arcángel Rafael puede sanar tu cuerpo. Es importante tener en cuenta que no debes utilizar la oración o la meditación como sustituto de la búsqueda de ayuda médica. Debes comprender que el trabajo con el arcángel Rafael está destinado a complementar las formas modernas de tratamiento.

Sanación con las manos

La sanación con las manos es un proceso de sanación que consiste en canalizar la energía destinada a sanar el cuerpo mediante el tacto. Se trata de trabajar con la conexión espiritual entre uno y todos. Verás, quizás te parezca que estás separado de cualquier otra persona y de cualquier otra cosa que te rodea, pero la verdad es que todo está conectado. La sanación con las manos aprovecha esta conexión entre tú y todo lo demás. Estás conectado a varias energías, incluyendo las energías curativas. Por lo tanto, la sanación con las manos consiste en que el sanador y el sanado trabajen con estas energías. Puede ayudar al bienestar físico, emocional y mental. Puedes trabajar con el poder sanador del arcángel Rafael para que te ayude con este método de sanación en particular. Así es como funciona.

1. En primer lugar, debes crear un espacio sagrado en el que no haya distracciones ni perturbaciones. Esto es importante porque no quieres interrumpir el flujo de energía curativa entre tú y la

persona con la que vas a trabajar. Haz que este espacio sea propicio para el trabajo espiritual cambiando la iluminación, poniendo música espiritual suave sin letra, encendiendo velas, prendiendo incienso y colocando cristales a tu alrededor.

2. Cierra los ojos, siéntate o acuéstate y respira profundamente unas cuantas veces. A continuación, pide al arcángel Rafael que se reúna contigo. Puedes invocar su presencia pidiéndole verbalmente en voz alta que participe en este ritual o pidiéndoselo mentalmente hasta que empieces a sentir su energía fluyendo en ti y a tu alrededor.

3. Cuando te sientas preparado, pon las manos sobre la parte del cuerpo que requiera curación.

4. En tu mente, imagina que tus manos emanan energía verde esmeralda. Estás trabajando como un conducto para esta energía, de modo que el arcángel Rafael pueda permitir que la luz fluya hacia el cuerpo de esta persona y la cure.

5. Mantén las manos sobre la parte del cuerpo. Puedes notar las diferencias de temperatura, flujo de energía, magnetismo y vibraciones. Es necesario que conectes con tu intuición mientras realizas este ejercicio de sanación con las manos, ya que se trata de un proceso muy intuitivo.

6. Puede que recibas mensajes especiales o percepciones del arcángel Rafael. Utilízalos para canalizar mejor la energía con la que estás trabajando. Por ejemplo, puede que te des cuenta de que el dolor en el que estás centrado proviene de otro lugar. Rafael podría inclinarte a colocar las manos en otro lugar que no sea donde está el dolor.

7. Mientras continúas trabajando en la parte del cuerpo, debes adoptar una actitud de amor. Asegúrate de que tu chakra del corazón rebose amor. Recuerda que, en realidad, la sanación tiene sus raíces en el amor. Por lo tanto, conéctate con la divinidad desde un lugar de amor y compréndelo.

8. Cuando sientas que la sesión se ha completado, agradécele a Rafael por estar presente y ofrecer su ayuda. Dile que confías en que continuará desde donde lo dejaste y que la sanación ya está hecha, aunque ahora no lo parezca. Dale las gracias por ofrecerte orientación, perspicacia, amor y energía para transformar el cuerpo en su forma original y saludable. Cuando estés preparado,

haz una última respiración profunda y con los pies en la tierra, y luego deja ir gradualmente tus intenciones. Confía en que el arcángel Rafael está trabajando.

Sanación con agua de gemas

¿Sabías que puedes trabajar con la energía del arcángel Rafael y el agua de gemas para sanarte a ti mismo o a otra persona? El agua de gemas es un elixir que se obtiene cargando energéticamente agua con gemas. Esta agua puede consumirse y aplicarse al cuerpo. Crea la reacción física y la sanación que buscas. El agua adquiere las propiedades energéticas curativas de cualquier gema que se introduzca en ella.

El agua de gemas es un elixir cargado con la energía sanadora de Rafael[7]

Cuando quieras trabajar con agua de gemas, primero debes averiguar para qué sirve cada una. A continuación, asegúrate de que las que elijas sean seguras para ponerlas en el agua.

Es importante comprender que cada gema tiene una firma energética única. No querrás usar una gema destinada a ayudar a la digestión para sanar un dolor de cabeza. No es que no funcionaría. Sería más conveniente optar por la opción más eficaz. Aquí tienes algunas gemas y para qué puedes utilizarlas:

- La **amatista** es excelente para el estado de alerta, el cerebro, los nervios, los pulmones, el tracto interseccional, la tensión arterial baja, las hinchazones, los hematomas, la liberación de tensiones y el dolor.
- La **apatita** azul es excelente para curar fracturas óseas y osteoporosis, mejorar el apetito y fortalecer la dentadura y las articulaciones.
- El **citrino** es excelente para el estómago, la digestión, el páncreas y el bazo.
- La **dolomita** es buena para el dolor. Te ayudará con los calambres, los desequilibrios metabólicos, los problemas cardíacos, los problemas de circulación y a limpiar los vasos sanguíneos.
- La **esmeralda** es excelente para los ojos, la vesícula biliar, el corazón y el sistema respiratorio. También puedes utilizarla para combatir inflamaciones e infecciones.
- El **berilo verde** puede eliminar contaminantes y toxinas. Es excelente para la glándula tiroides, la vejiga, los riñones y los problemas autoinmunes. Además, puedes utilizarlo para tratar las alergias.
- La **hematites** puede utilizarse para mejorar la circulación.
- La **indigolita o turmalina azul,** ambas son excelentes para tratar quemaduras, problemas articulares y entumecimiento.
- El **jaspe** ayuda al cuerpo a sentirse más fuerte y con más energía gracias a sus efectos sobre la circulación y la regulación de la temperatura.
- La **kabamba** puede utilizarse para tratar inflamaciones de órganos internos, casos de gripe y resfriados.
- Utiliza la **labradorita** para regular los ciclos menstruales y hormonales.
- La **molokaita** puede aliviar las náuseas y el estreñimiento y ayudar a la salud intestinal. También es excelente para curar heridas y reforzar el sistema inmunitario.
- La **nefrita** puede desintoxicar el cuerpo, ayudar en problemas de oído y mejorar el equilibrio.

- El **ónix** puede usarse para una eliminación de residuos más eficaz, un sistema inmunitario más fuerte y una mejor audición.
- El **peridoto** puede ayudarte con la desintoxicación, a quemar grasas y a eliminar verrugas e infecciones fúngicas.
- El **cuarzo** transparente es excelente para la salud de las uñas, el cabello y la piel. También puede ayudar a los nervios, el cerebro, las hormonas, el equilibrio del agua y las glándulas del cuerpo. Además, puedes utilizarlo para amplificar los efectos de otros cristales.
- El **cuarzo rosa** puede utilizarse para tratar problemas sexuales.
- El **cuarzo ahumado** puede ayudar con problemas intestinales, inflamación, dolor en el cuerpo y un sistema inmunológico débil. También puedes utilizarlo para mejorar tu salud nerviosa y atenuar los efectos de la radiación.
- La **turquesa** es excelente para la acidez, las infecciones de oído y las enfermedades respiratorias. Si padeces calambres e inflamación, es un cristal excelente para crear tu agua de gemas.
- La **turmalina verde o verdelita** es excelente para todas las afecciones nerviosas, la desintoxicación, la reducción de cicatrices y una mejor salud intestinal.
- La **zoisita** puede reducir el estrés y la inflamación.

Crear agua con gemas curativas

Ahora que conoces las gemas adecuadas que debes utilizar, es el momento de pasar al proceso de creación de tu agua de gemas curativa.

1. Antes que nada, necesitas limpiar las gemas y luego cargarlas con tu intención. Para limpiarlas, debes ponerlas bajo la luz de la luna o del sol. También puedes enterrarlas durante una noche, o puedes simplemente sentarte con ellas y frotarlas con un poco de sal para deshacerte de las energías de otras personas y lugares que puedan no servir a tu propósito. Necesitas limpiar tus gemas porque, en el proceso de manipulación, otras personas las han tocado y han dejado sus energías en ellas. A veces, estas energías no son necesariamente buenas para ti.

2. Ahora tienes que cargarlas con tu energía. Al hacerlo, estarás impregnando estas piedras con la energía del arcángel Rafael. Para

ello, siéntate con ellas en tus manos o a tu alrededor y cierra los ojos. Respira profundamente unas cuantas veces y luego, con los ojos de tu mente, visualiza la poderosa luz verde esmeralda del arcángel Rafael bajando del cielo y entrando en cada cristal para cargarlo. Imagina que cada cristal tiene ahora una luminosidad verde distinta a su alrededor. Haciendo esto, has cargado los cristales con el poder sanador del arcángel Rafael.

3. Prepara tu agua de gemas. Sólo tienes que poner los cristales en un recipiente de cristal lleno de agua.

4. Solicita la ayuda del arcángel Rafael. Todo lo que tienes que hacer es invocar a Rafael y pedirle que cargue el agua con su poder curativo, del mismo modo que "turbó" la piscina de Bethesda para que la gente pudiera saltar y curarse. En el ojo de tu mente, ve más de su energía verde curativa infundiéndose en el agua desde los cristales para que brille con un hermoso color verde esmeralda.

5. Mientras te sientas con el agua de gemas, ten claras tus intenciones. Puedes expresarlas en voz alta o simplemente meditarlas en tu mente.

6. Bebe o aplica el agua en la zona problemática. Cuando bebas el agua de gemas, concéntrate en que estás buscando curación. Confía en que inevitablemente la recibirás. Esto facilita que el agua de gemas fluya a través de ti y corrija cualquier desequilibrio energético. Mientras bebes, imagina la luz verde fluyendo por tu garganta e irradiándose a cada parte de tu cuerpo.

7. También puedes utilizar el agua de gemas para otras cosas, como regar las plantas, bañarte, vaporizar la piel, etc.

8. Cuando termines de crear, debes agradecerle al arcángel Rafael por darte la energía que te sanará a ti y a cualquiera que use esa agua.

Bolsas de Mojo de Cristal

Una bolsa de mojo es una bolsita con objetos especiales como cristales, amuletos, piedras, efectos personales, hierbas y especias. Todas las cosas en la bolsa de mojo tienen su propia influencia energética, que, al combinarse, ofrecen resultados específicos. Dado que este libro trata sobre el arcángel Rafael y la sanación, cubrirá las bolsas de mojo sanadoras. A veces, la gente llama a la bolsa de mojo gris-gris, conjuro o bolsa raíz.

No hay una forma correcta o incorrecta de hacer una bolsa de mojo. Por lo tanto, no dejes que nadie te haga sentir que no la utilizas correctamente. Considera las instrucciones de este libro como directrices sobre lo que puedes hacer, y déjate llevar por tu intuición si sientes deseos de ponerte creativo. En este caso, estás haciendo una bolsa de mojo de cristal, así que hagas lo que hagas, pon en ella un cristal que te ayude a cumplir tu intención curativa. Piensa en estas bolsas como talismanes. Puedes tener la energía de este talismán sobre ti y a tu alrededor en todo momento con sólo llevarlo dondequiera que vayas.

Cuando trabajes con estas bolsas para sanarte a ti mismo o a las personas que te rodean, puedes invocar al arcángel Rafael para que las infunda con su energía curativa. También puede ayudarte a elegir el cristal adecuado para el trabajo. Todo lo que tienes que hacer es sentarte, conectarte a tierra, sostener cada cristal de a uno por vez y prestar atención a cualquier impulso intuitivo que recibas de Rafael. Aquí tienes las instrucciones para crear tus propias bolsas de mojo de cristal.

1. Empieza estableciendo tu intención para la bolsa que te gustaría crear. En este caso, tu intención es la sanación. Ten claro el tipo de sanación que buscas con esta bolsa de mojo, ya sea física, mental, emocional o espiritual. En este punto, invoca al arcángel Rafael para que pueda potenciar tu intención.

2. Elige tus cristales. Elige el que sientas que va bien con la energía del arcángel Rafael. No te precipites en este proceso. Si no estás seguro de un cristal, no lo utilices. Algunos de los cristales con los que puedes trabajar son el cuarzo transparente, el cuarzo rosa, la malaquita, la aventurina verde y la esmeralda verde.

3. Consigue los materiales que necesitas para crear tu bolsa de mojo. Necesitarás un trocito de tela blanca o verde o una bolsita blanca o verde. También necesitarás los cristales que hayas elegido, un bolígrafo y papel. Puedes añadir cosas que signifiquen algo para ti o para la persona a la que intentas curar. Las hierbas y especias que representen la idea de sanación para ti también están bien.

4. Prepara la bolsa. Cierra los ojos y respira hondo para conectarte a tierra. Imagina que la luz de Rafael desciende del cielo y te envuelve por completo. Imagina que esta luz rodea todos los materiales que utilizarás para crear la bolsa de mojo de cristal.

Siente cómo tus manos fluyen y pulsan con la energía de Rafael. Tómate un momento para darle las gracias al arcángel Rafael por darte su poder y su ayuda.

5. Si aún no lo has hecho, debes limpiar los cristales y luego cargarlos con tu intención.
6. Mientras los metes en la bolsa, di una afirmación sobre lo que quieres que hagan. No hay una forma específica de decirlo. Sólo asegúrate de reconocer que ya es un hecho. También puedes afirmar que la energía de Rafael carga cada cristal y otros materiales.
7. Este paso es el proceso de personalización. Esta es la parte en la que pones objetos personales en la bolsa. También puedes añadir otros materiales que correspondan energéticamente a tu intención. Necesitas tomar el bolígrafo y el papel y escribir tus intenciones, luego dobla ese papel prolijamente y colócalo en la bolsa.
8. Ahora que has depositado todos los materiales que deseas en la bolsa, es el momento de sellarla con la energía del arcángel Rafael. Imagina que la luz verde rodea la bolsa, iluminándola poderosamente, mientras sellas la bolsa o atas un seguro con un cordel.
9. Una vez más, invoca al arcángel Rafael y dile lo que quieres que haga la bolsa. Agradécele su ayuda mientras eres testigo de cómo su luz esmeralda hace su magia.
10. Puedes colocar la bolsa en algún lugar seguro y sagrado. También puedes llevarla contigo para disfrutar de sus efectos durante todo el día. Incluso puedes dejarla debajo de la almohada.
11. Será necesario recargar la bolsa con energía de vez en cuando. Sostenla en tus manos e invoca la presencia del arcángel Rafael. Di que quieres que la bolsa se recargue con esta energía, visualiza la luz verde esmeralda cargándola, y ya puedes empezar de nuevo. Si quieres editar tu intención escrita, puedes hacerlo antes de recargar la bolsa.

Visualización curativa

Rafael también puede ayudarte a sanar usando la visualización. Ya estás familiarizado con esto, ya que la mayoría de las meditaciones y rituales requieren que seas capaz de visualizar su luz verde esmeralda. La visualización es una poderosa técnica que nunca debe pasarse por alto. Con esta técnica en particular, imaginarás que tu cuerpo ya ha recibido la curación que buscas. Al colocar esto en el pasado, haces inevitable que tu cuerpo, mente y alma se alineen con el hecho de que ya te has visto a ti mismo como alguien sanado. Si colocas tu curación en el futuro, las probabilidades de que ocurra serán escasas porque siempre estará en el futuro. Cada vez que llega el mañana, nunca llega porque se convierte en hoy. En otras palabras, el único momento es ahora. Al poner algo en el pasado, te aseguras de animar a tu mente subconsciente a aceptar que ya es un hecho, facilitando que las energías del arcángel Rafael fluyan a través de ti y te sanen. Este es el proceso que debes seguir para utilizar la visualización y recibir tu sanación:

1. Busca un lugar agradable y cómodo donde no te distraigan ni te molesten. Ponte ropa cómoda para sentarte o acostarte con facilidad. Elige una postura que puedas mantener durante 10 o 15 minutos.

2. Cierra los ojos, separa ligeramente el labio y respira profundamente por la nariz y por la boca. Puede que notes que las exhalaciones son más largas que las inhalaciones. Si es así, no pasa nada. Si te ayuda, puedes poner música relajante de meditación para concentrarte en el momento. Los aceites esenciales también pueden crear el ambiente espiritual necesario para la visualización.

3. Invoca al arcángel Rafael. Puedes repetir mentalmente su nombre una y otra vez hasta que empieces a sentir su energía brotando dentro de ti y a tu alrededor. También puedes decir: *"Arcángel Rafael, busco tu presencia. Deseo tu ayuda. Por favor, ven a mí ahora mismo".* Y luego, espera hasta que empieces a sentirlo inconfundiblemente.

4. Una vez que sientas que has invocado a Rafael, es el momento de visualizar la sanación de tu cuerpo. Por ejemplo, supongamos que estás intentando sanar un esguince de tobillo que te impide caminar correctamente. En este caso, imagínate corriendo o caminando con confianza y fuerza. Imagínate caminando como si no te hubiera dolido el tobillo en toda tu vida. Ten en cuenta que debes estar en tu cuerpo durante este ejercicio de visualización. En otras palabras, no te veas caminando o corriendo como si te estuvieras viendo en una película. En lugar de eso, ponte en el lugar del actor. Debes sentir cada paso al golpear el pavimento con

cada pie. No debes ser capaz de ver tu cara; sólo debes ver las partes de tu cuerpo que verías si te levantaras y caminaras.

5. Utiliza todos tus sentidos para llevar este ejercicio de visualización a un nivel superior. En este ejemplo, siente las vibraciones que reverberan en tu cuerpo cuando cada pie golpea el pavimento. Debes oír los sonidos que te rodean mientras caminas y notar tu respiración mientras caminas. Utilizar todos los sentidos de la imaginación hará que esto parezca tan real que lo que parece un momento en el futuro se sentirá como si estuviera sucediendo aquí y ahora. Sabrás que lo has hecho correctamente porque, cuando salgas de la visualización, te sorprenderá descubrir que sigues sentado en tu habitación.

6. Mientras sigues caminando en tu imaginación, visualiza esta luz esmeralda sanadora del arcángel Rafael fluyendo alrededor del área problemática de tu cuerpo.

7. Cuando te sientas preparado, vuelve gradualmente a la habitación en la que estás. Antes de abrir los ojos, afirma que tu cuerpo ha sido sanado y que los cambios que buscas se han llevado a cabo. Puedes permanecer en la sensación de estar sanado tanto tiempo como desees y, cuando estés listo, agradécele al arcángel Rafael su ayuda y abre los ojos.

Oraciones y meditación

Los temas referentes a la oración y meditación para conectar con el Arcángel Rafael ya han sido tratados en el Capítulo 2. Sin embargo, no se dieron detalles sobre cómo pedir su sanación. Tanto si has elegido rezarle al arcángel Rafael como meditar hasta sentir su presencia, pedirle que sane tu cuerpo no es complicado. Si has elegido la vía de la oración, debes comunicarle tus deseos con sinceridad.

Si utilizas la meditación para buscar la sanación, todo lo que tienes que hacer es llevar la conciencia a la parte de tu cuerpo que lo requiere. Luego, en tu mente, visualiza la energía sanadora verde esmeralda del arcángel Rafael fluyendo a través y alrededor de esa parte del cuerpo hasta que sientas que el ejercicio debe terminar. En este punto, ofrécele tu agradecimiento al arcángel Rafael. Puede repetir tus oraciones o meditaciones tantas veces como desees. Además, sería útil recordártelo constantemente cada vez que sientas que el dolor o el problema no desaparecen. Después de hacerlo, debes tener fe en que se está solucionando.

En el próximo capítulo, aprenderás sobre el Reiki angélico. Descubrirás cómo puedes trabajar con él para obtener lo que necesites de Rafael.

Capítulo siete: Reiki Angelical

El Reiki Angelical es impulsado por ángeles que generosamente ofrecen su guía y asistencia. Implica realineación energética y sanación en todos los sentidos, física, emocional y mentalmente. Esta práctica consiste en desarrollar una conexión más fuerte con las dimensiones angelicales donde se encuentran los arcángeles. La diferencia entre el Reiki Tradicional y el Reiki Angelical es que la versión angelical es de una vibración dimensional más alta.

El Reiki Angelical es impulsado por los ángeles[8]

El origen del Reiki Angelical

El Reiki Angelical le fue enseñado a Kevin Core (un Maestro de Reiki) por el arcángel Metatrón alrededor de 2002, y en 2008, Christine Core relevó a Kevin. Con la guía del arcángel Rafael y el Reiki, puedes afectar a la estructura de las células del cuerpo y a las moléculas de todo lo que te rodea. Puedes esperar que se produzcan cambios que te devuelvan la armonía y el equilibrio a nivel energético, y estos cambios se extenderán hacia fuera para afectar positivamente a tu cuerpo y a tu vida. El Reiki Angelical te permite crear una ruta clara para que los poderes divinos fluyan libremente hacia ti, especialmente cuando trabajas con los diversos símbolos.

Sobre las sintonizaciones

Cuando se trata de Reiki Angelical, necesitarás experimentar varias sintonizaciones para que puedas abrir tus chakras o centros de energía aún más, lo cual te facilitará trabajar con energía sanadora y permanecer en alineación vibratoria con los ángeles mientras haces tu trabajo. Puedes pensar en la sintonización como una iniciación a nivel cósmico, que te da acceso a energías más elevadas. Es una forma de convertirte en un conducto de flujo libre para que la divinidad actúe a través de ti y puedas sanar a quienes te rodean y, cuando sea necesario, también puedas sanarte a ti mismo. Para experimentar la sintonización, lo mejor es trabajar con un Maestro de Reiki porque no puedes hacerlo solo. Estas personas tienen años de experiencia y han estado bajo la tutela de otros Maestros, así que tiene sentido facilitarte las cosas dejando que te ayuden.

¿Qué puedes esperar que suceda durante una sintonización? El Maestro utilizará varios métodos para armonizar las frecuencias de Reiki en tu sistema energético. Tendrás que trabajar con meditación y rituales específicos y experimentar la transmisión directa de la energía divina. No hay una manera fija de experimentar estas cosas porque cada ser humano tiene una base energética diferente, y cada uno está en diferentes etapas cuando se trata de estar preparado para la sintonización. Una cosa de la que puedes estar seguro es que te sentirás profundamente conmovido durante el proceso. Tus bloqueos energéticos se limpiarán y tus chakras se alinearán correctamente por primera vez en tu vida. Despertarás a la plenitud de lo que eres y descubrirás poderes curativos latentes dentro de ti que podrás canalizar cuando sea necesario.

Antes de obtener una sintonización de Reiki, busca un Maestro de Reiki con buena reputación. No sólo otros deberían poder dar fe de sus habilidades, sino que tú también deberías poder alinearte con ellos fácilmente. La confianza es una parte integral del proceso de sintonización. Cuando hayas encontrado un gran Maestro, ponte en contacto con él y hazle saber que te encantaría que te ayudara con la sintonización, y te informará de lo que puedes esperar, lo que necesitas y lo que tendrás que pagar. Es mejor que tengas todo esto claro antes de seguir adelante. Además, debes estar seguro de que esto es algo que deseas porque no puedes permitirte tomártelo a la ligera. Esta es la puerta que atravesarás para convertirte en un poderoso sanador. Combinando esto y trabajando conscientemente con el poder del arcángel Rafael, te convertirás en una imparable fuerza sanadora.

Técnicas de sanación de Reiki Angelical

Para esta modalidad de sanación necesitarás trabajar con ciertas técnicas. Una técnica implica imposiciones de la mano, donde debes colocar tu mano en ciertas posiciones para permitir el flujo apropiado de energía. Tus manos pueden estar directamente sobre el cuerpo, o sólo pueden situarse de forma no intrusiva. Aun así, tienen que coincidir con los centros y canales de energía del cuerpo para que el poder curativo angelical de Rafael pueda fluir y hacer lo suyo. Cada postura es precisa y tiene un papel específico. Si colocas las manos sobre o alrededor del chakra de la coronilla, por ejemplo, te ayudará a sentirte conectado con el reino espiritual, a despejar la mente y a relajarte. Si las colocas en el centro energético del corazón, fomentarás la curación (especialmente de las emociones), la compasión y el amor profundo. También está bien colocar las manos justo sobre la parte del cuerpo que experimenta malestar.

Otra técnica implica símbolos y visualización. Trabajas con símbolos específicos para atraer la energía divina que necesitas para curarte a ti mismo o a otra persona y utilizas ejercicios de visualización específicos para ayudar. Los símbolos sirven como amplificadores de energías y vibraciones que facilitan intenciones específicas. Atraen la energía de los seres celestiales para prestarte ayuda. Cuando te concentras en las visualizaciones y los símbolos, y tú y la persona a la que estás curando tienen la intención de lo que quieren lograr, facilitas que la energía curativa fluya a través de tus manos y cree los cambios que buscas.

La conexión entre Rafael y el Reiki

Los practicantes de Reiki entienden que están destinados a ser un canal de la energía que trae Rafael. Al comprender esto, pueden apartarse del camino y no influir negativamente en el proceso de curación. Rafael puede hacer su trabajo ofreciendo intuición y guía al practicante de Reiki y a la persona que va a ser sanada. Él ayuda revelando la raíz del trauma o desequilibrio que causa la enfermedad, que es como se logra la verdadera sanación. Normalmente, el Maestro de Reiki no trabaja sólo con Rafael, sino con otras entidades angelicales. Piensa en ellos como un equipo de paramédicos angelicales, por así decirlo. Pueden trabajar con maestros ascendidos, otros ángeles, y otros seres que se especializan en sanar ciertas cosas para brindarte mejores resultados. Ahora es el momento de echar un vistazo a los diversos símbolos de Reiki con los que puedes trabajar.

Cho Ku Rei

Cho Ku Rei para protección y limpieza[9]

El Cho Ku Rei es el símbolo que utilizas para limpiar y proteger, y puedes activarlo dibujándolo en las palmas de tus manos cuando te estés curando a ti mismo o a otra persona. También puedes dibujar este símbolo en cualquier chakra energético o en todos ellos para aumentar el flujo de energía, y no es de extrañar, porque se lo conoce como el símbolo del poder. Se dice que "Cho Ku Rei" se traduce literalmente como "Canaliza todo el poder del Universo aquí y ahora". Piensa en este símbolo como un requisito previo antes de comenzar tu práctica de Reiki. Al igual que el cristal de cuarzo con otros cristales, el Cho Ku Rei amplifica la energía de los otros símbolos de Reiki.

Cómo dibujar el Cho Ku Rei

1. Para dibujar este símbolo, traza una línea de izquierda a derecha y luego hacia abajo de forma que forme una L invertida.
2. Dibuja una espiral hacia la derecha en la parte inferior de esa L. La parte más externa de la espiral debe estar cerca de la primera línea horizontal.
3. Sigue dibujando la espiral desde fuera hacia dentro hasta que tengas tres líneas en espiral. No levantes el bolígrafo hasta que lo conectes a la línea vertical del centro con la espiral más pequeña.

La línea horizontal de este símbolo es la conexión que estás estableciendo con las energías universales. La línea vertical es el flujo de poderosa luz que va desde el chakra de la estrella del alma hacia todos los demás centros y canales del cuerpo antes de terminar en el chakra raíz. La espiral que dibujes debe crear siete intersecciones con la línea vertical, que representan los siete chakras principales. Debes utilizar las mismas direcciones precisas, independientemente de la mano que elijas. En otras palabras, no la inviertas cuando cambies de mano. Puedes dibujar esto en los siete chakras principales (coronilla, tercer ojo, garganta, corazón, plexo solar, sacro y raíz) y en los secundarios (pies, rodillas, caderas, hombros, orejas y ojos). También puedes dibujarlo en los órganos principales y en la parte delantera y trasera del cuerpo para garantizar la protección.

Este símbolo es excelente para estimular todos los centros energéticos, combatir la fatiga, mejorar el estado de ánimo, proteger el cuerpo energético y físico, eliminar bloqueos y malas energías, etcétera. Puedes maximizar su poder visualizando la luz verde del arcángel Rafael emanando del símbolo mientras lo dibujas.

Sei He Ki

El Sei He Ki es un poderoso símbolo que te aporta armonía, equilibra tus emociones y las cura. Al igual que el símbolo anterior, puedes activar este símbolo en tus chakras y en las palmas de las manos. Limpia y favorece el flujo de energía espiritual.

Cómo dibujar el Sei He Ki

1. En primer lugar, para dibujar este símbolo, traza una línea inclinada en un ángulo de 45 grados de derecha a izquierda.

Sei He Ki para la armonía[10]

2. Dibuja de derecha a izquierda, sin levantar la mano, para tener una letra V inclinada.
3. A continuación, dibuja de derecha a izquierda de nuevo para tener una N reflejada.
4. Dibuja una línea vertical corta, y dibuja una línea curva en la parte inferior con la curva inclinada hacia la derecha. Cuando hayas terminado, debe parecer que tienes una letra V inclinada con el número 5 en la parte inferior. Esta es la primera parte. Puedes levantar la mano del papel para dibujar la siguiente parte.
5. A continuación, debes dibujar una línea horizontal muy corta por encima de la V inclinada, partiendo de la mitad y terminando en el extremo superior de la V.
6. Sin levantar la mano, dibuja un semicírculo más grande que abarque el primer signo y el número 5.
7. Levanta la mano del papel y dibuja dos arcos en el semicírculo más grande, debajo de la V inclinada. Cuando hayas terminado, debe parecer que tienes una letra m minúscula en el semicírculo mayor.

Este símbolo te ayudará a conectarte con la divinidad para que puedas resolver fácilmente los problemas emocionales escondidos en tu subconsciente. Puedes utilizarlo cuando haya conflictos, no dibujándolo sobre las personas, sino de forma discreta en diversas zonas de la habitación. De este modo, el ambiente tenso puede inundarse de calma y paz. También puedes utilizar este símbolo para ayudarte con las adicciones y frenar en seco los pensamientos intrusivos y negativos. Utilízalo cuando tú u otra persona se sientan estresados. Si te sirve de ayuda, considera al Sei He Ki como la ventana que abres cuando todo lo demás se siente energéticamente cargado.

Hon Sha Ze Sho Nen

Este símbolo es excelente para la sanación a distancia. Significa "Sin pasado, presente ni futuro". Utiliza este símbolo para ayudarte a canalizar la energía sanadora del arcángel Rafael a través del tiempo y el espacio de forma que, sin importar dónde se encuentre el sujeto a sanar, reciba su milagro. Este símbolo también trasciende el tiempo, ya que puedes enviarlo para que trabaje en tu pasado, presente o futuro.

Cómo dibujar el Hon Sha Ze Sho Nen

Este símbolo requiere un poco de práctica, pero lo puedes dibujar.

1. En primer lugar, traza una línea de derecha a izquierda.
2. Dibuja una línea de arriba abajo que se cruce con tu línea horizontal. Ahora deberías tener una cruz.
3. Imagina que hay un círculo alrededor de la cruz. Dibuja una línea desde el punto medio de las líneas que se cruzan hasta el punto de las 7 en punto.
4. A continuación, traza una línea desde el punto medio de las líneas que se cruzan hasta el punto de las 5 en punto.

Hon Sha Ze Sho Nen para la sanación[11]

5. Dibuja una línea de izquierda a derecha, cerca de la parte inferior de la línea vertical. Ningún punto debe tocar la línea de las 7 ni la de las 5.

6. Dibuja una línea horizontal de izquierda a derecha por debajo del símbolo que acabas de dibujar en los pasos del uno al cinco. Que la línea sea lo suficientemente larga como para que sirva de tabla para el símbolo superior.

7. A continuación, coloca el bolígrafo o el dedo en el lado derecho de la sexta línea, justo encima de ella, de modo que casi toque el punto de las 5 en punto de la línea del paso cuatro. A continuación, dibuja una línea que se incline en un ángulo de 45 grados, cruzando hacia abajo a través de la línea del paso seis y sin sobrepasar el punto inicial de esa línea.

8. Dibuja una línea vertical corta a la derecha por debajo de la séptima línea.

9. Desde la parte superior de la línea vertical del paso anterior, dibuja una línea horizontal corta hacia la derecha.

10. Ahora, dibuja una línea corta desde el punto final de la anterior hacia abajo. Si lo has hecho bien, deberías tener una pequeña caja de tres lados sin fondo.

11. Traza una línea horizontal muy corta dentro del recuadro de izquierda a derecha.

12. Debajo del dibujo que ahora tienes, dibuja una línea horizontal que se incline sutilmente hacia arriba de izquierda a derecha. Piensa que es una tabla que lleva los otros signos.

13. Dibuja otra línea debajo que parta de la mitad de la línea doce y se incline sutilmente hacia arriba, pero que se detenga justo antes del final de la línea doce.

14. Dibuja una línea vertical de arriba abajo desde la mitad de la línea doce.

15. Si lo has hecho bien, deberías tener lo que parece una F.

16. A la izquierda de esta "F", dibuja una línea vertical de arriba abajo que se incline sutilmente hacia la derecha y termine debajo de la parte inferior de la línea catorce.

17. Debajo de todos los dibujos anteriores, empieza desde el centro y dibuja una ligera curva hacia abajo y hacia fuera a la izquierda.

18. Vuelve al inicio de la línea dieciséis y dibuja otra línea que se curve ligeramente hacia abajo y hacia fuera a la derecha. Si lo has hecho bien, debería parecerse al tejado de una casa.
19. Dibuja una línea horizontal corta de izquierda a derecha debajo de este tejado.
20. Debajo del tejado que alberga una línea horizontal corta, empieza por el final y dibuja una línea horizontal de izquierda a derecha y luego, sin levantar la mano, dibuja una línea hacia abajo que se curve hacia la izquierda como si fuera parte de un círculo. Deja que se detenga debajo del inicio de esta línea para que tengas lo que parece una aleta de tiburón.
21. Dibuja una línea que se curve hacia abajo y hacia la derecha junto a la línea diecinueve.
22. Dentro de la línea curva veinte, dibuja otra línea más pequeña que se curve hacia abajo y a la derecha y quede englobada en la línea veinte.
23. Por último, dibuja una línea que empiece ligeramente por encima de la línea veinte, pero que baje y se curve hacia la izquierda, terminando ligeramente por debajo del final de la línea veinte.

Puedes fusionar el Cho Ku Rei, Sei He Ki y el Hon Sha Ze Sho Nen para permitir que un flujo de energía aún más poderoso de Rafael trabaje en tu intención.

Trabajar con Reiki y Rafael

1. Ve a un lugar tranquilo y propicio para el trabajo energético. Tampoco debe haber distracciones ni perturbaciones.
2. Establece tu intención de sanación, ya sea para ti mismo, para un ser querido o incluso para una mascota.
3. Siéntate cómodamente, cierra los ojos y respira profundamente mientras mantienes la conciencia en el chakra del corazón.
4. Ahora, en voz alta o en tu mente, invoca al arcángel Rafael, y pídele que facilite el proceso de curación.
5. Abre los ojos y activa los símbolos de Reiki en las palmas de las manos, empezando por Cho Ku Rei.

6. Coloca las manos sobre la parte del cuerpo que necesita sanación, o puedes dejarlas suspendidas. Supongamos que la persona a la que quieres sanar no está presente. En ese caso, puedes activar el símbolo de Reiki Hon Sha Ze Sho Nen y mantener las manos sobre su foto o algún otro efecto personal.
7. Permite que tus manos se muevan hacia donde tu intuición las guíe, imaginando que arden con la brillante y resplandeciente luz verde esmeralda de Rafael mientras trabajas.
8. Mientras dejas que la energía fluya, puedes utilizar afirmaciones sanadoras en tu mente o decirlas en voz alta. Continúa con esto y deja que tu intuición te guíe.
9. Cuando te sientas preparado, finaliza la sesión dándole las gracias al arcángel Rafael, y luego deja que se vaya tu conexión energética con el reino angélico.
10. Conéctate a tierra imaginando raíces que conectan tus pies con el núcleo de la tierra.

Principios del Reiki

El Reiki tiene ciertas pautas o ética que debes seguir para obtener lo mejor de él. Estos principios son una base sólida que te hace más eficiente en el uso de tus habilidades para el bien. Estos son los principios, vale la pena recordarlos todos.

"Por ahora, elijo no enojarme". La ira es una fuerza perturbadora que puede hacer que la energía fluya desalineada, dificultando la experiencia de sanación. Esta emoción debe ser liberada tanto por el maestro de Reiki como por el paciente que recibe el tratamiento. La ira es tan poderosa que causará un desequilibrio espiritual, mental y emocional. Esto hace que sea difícil para el toque del sanador canalizar la energía curativa libremente al receptor y más difícil aún para el receptor aceptar el poder curativo que intenta fluir a través de él. Por lo tanto, elegir no enojarte implica que permanecerás en paz, tranquilo y en control de tus emociones. Significa que reconoces de dónde viene tu ira, pero eliges dominarla en lugar de dejar que te consuma. Eliges sentirla y liberarla. Para ello, puedes utilizar la respiración, la meditación, escribir un diario o cualquier otro método que te parezca adecuado.

"Por ahora, elijo no preocuparme". La preocupación tampoco es buena cuando trabajas con Reiki. Es mucho mejor asegurarte de que tu mente está en el aquí y ahora en lugar de estar ansioso por un futuro que

puede que no se desarrolle como tú temes. Preocuparse es natural, seguro... pero demasiado, y causarás estragos en tus emociones y en tu mente. En Reiki, todos los que trabajan con energía deben estar presentes, ya que la curación viene aquí y ahora, no más tarde. Te preocupas cuando tienes miedo y desconfías, no estás seguro de que la vida funcionará exactamente como debería y de que todo irá bien. Si esto es un hábito, te servirá dejarlo. El Reiki te invita a confiar en el universo y en su inteligencia. Nada de lo que sucede no es por designio divino. Cuando sabes esto, ya no sientes la necesidad de saber lo que viene o de controlar los resultados. Puedes simplemente concentrarte en vivir de un momento a otro, lo cual es excelente para fomentar la curación.

"Por ahora, elijo ser agradecido". La gratitud es una elección consciente de estar agradecido por todo lo bueno que hay en tu vida. En actitud de gratitud, abres los ojos a las muchas bendiciones y regalos que recibes cada día. Estás agradecido porque sabes que siempre hay algo bueno que apreciar si estás dispuesto a verlo. Practicar la gratitud es una forma excelente de fomentar el flujo de energía positiva en todos los aspectos de tu vida. Se trata de alejar tu atención de lo que tu ego considera "malo" hacia la abundancia de lo bueno en tu vida. Esta energía positiva es necesaria para permitir que la energía Reiki fluya libremente y te sane a ti o a otro. También es una buena idea expresar gratitud por el poder del Reiki, ya que esto intensifica dramáticamente los efectos del trabajo del maestro de Reiki.

"Por ahora, elijo la honestidad". Esto significa que eliges ser transparente y veraz en todos tus actos. Se trata de comprender la necesidad de congruencia entre lo que pretendes, lo que realmente haces y lo que dices. Se trata de asegurarte de que nunca engañas a nadie, ni siquiera a ti mismo. En otras palabras, si hay cosas que debes hacer o cambios que debes generan y que beneficiarían tu salud y bienestar, lo mejor es afrontar la verdad y hacer algo al respecto. El flujo de energía será aún más beneficioso cuando elijas ser honesto contigo mismo y trabajar con la verdad de tu situación en lugar de fingir que no existe. En cuanto al practicante de Reiki, también debe practicar la honestidad. Debe ser franco contigo sobre el alcance de su experiencia y lo que debes esperar de tus sesiones con él para que tengas el poder de tomar decisiones basadas en información precisa.

"Por ahora, elijo la bondad". La bondad es la última piedra angular del Reiki. Debes respetar toda vida demostrando amabilidad, compasión

y empatía. Todo lo que vive merece compasión y tiene un valor innegable. No importa cómo se vean o dónde estén en la vida. Los maestros de Reiki saben que es importante honrar la chispa de la divinidad y el soplo de vida en todas las cosas. Saben que siempre deben ayudar a las personas a sufrir menos y a sanar mejor. En Reiki, ser amable contigo mismo también es importante. La autocompasión es un prerrequisito para la compasión hacia los demás, porque no puedes dar lo que no tienes. Ser amable contigo mismo significa establecer límites claros, hacer lo necesario para mantenerte sano y permanecer en armonía siempre que sea posible. La bondad también se extiende a todas las demás criaturas, no sólo a los humanos. El medio ambiente también merece bondad. Al hacer de esto un principio de vida, facilitas que la energía curativa del Reiki haga su trabajo en tu vida.

Recuerda que estos principios no son reglas en sí, sino que están pensados para ayudarte a trabajar con Reiki de manera más eficiente. Puedes interpretarlos y encarnarlos de la manera que te resulte más auténtica. Al hacerlo, experimentarás una transformación y crecimiento asombrosos en tu vida. Ahora que sabes cómo sanar a los demás con la ayuda del Arcángel Rafael, ¿qué hay de sanarte a ti mismo? En el próximo capítulo, aprenderás sobre la sanación para sanadores.

Capítulo ocho: Sanación para sanadores

¿Sabías que el arcángel Rafael es el protector y sanador de los sanadores? El arcángel Rafael es un poderoso ser que actúa como guardián y apoya a las personas que trabajan en las artes curativas y en la profesión médica. Está ahí para ofrecer energía curativa, servir de guía y ayudar a los sanadores. Así que, si eres médico, enfermero o practicas Reiki o cualquiera de las otras artes curativas, puedes acudir a él en busca de ayuda. Normalmente, durante la sanación, pueden surgir algunas situaciones desafiantes. Cuando te enfrentes a algo que no sepas cómo manejar, puedes pedir su ayuda y saber que aparecerá.

Desafíos a los que se enfrentan los sanadores

Si trabajas en la profesión de sanador, no es algo fácil, y debes ser reconocido por tu desinteresado servicio. Debes enfrentarte a retos y obstáculos en el camino. Algunos de estos retos puede que nunca los haya presenciado antes, o puede que te quedes perplejo porque, a pesar de tus mejores esfuerzos, tu paciente no mejora. Estos son algunos de los retos a los que puedes enfrentarte mientras ayudas a otros a recuperarse.

- **Estar físicamente agotado:** Este es un verdadero desafío porque ayudar a otros a sanar implica que estarás gastando energía. Esta energía no es sólo física, sino también emocional y espiritual. Cuando se atiende constantemente a las necesidades de otras personas, es natural sentirse fatigado, agotado y, en el peor de los casos, exhausto. Esto se debe a que debes trabajar muchas horas y hacer todo lo posible por mantener tu energía alta y liviana porque la persona enferma también depende de eso para mejorar. Tampoco ayuda que a veces te enfrentes a enfermedades que parecen incurables, lo que puede hacer mella en tu salud mental. En ocasiones, las enfermedades son contagiosas y corres un gran riesgo de contraerlas.

- **Estar emocionalmente exhausto:** Esta es otra situación muy real a la que debes enfrentarte como sanador. Te levantas a diario y debes lidiar con el sufrimiento y el dolor de otras personas. Naturalmente, nadie que esté pasando por dolor se siente bien. Las emociones suelen estar en vibraciones más bajas. Si no sabes satisfacer tus necesidades emocionales, es lógico que acabes asumiendo los sentimientos de tus pacientes. El problema es que cuando esto sucede, no puedes darles la mejor atención porque, como se mencionó antes, parte de la sanación es mantener una perspectiva positiva y ligera. Cuando te sientes emocionalmente agotado, esto afecta a tu propio bienestar emocional. Hace que sea difícil mantener la resiliencia ante las situaciones más desagradables.

- **Luchar con el autocuidado y el mantenimiento de los límites:** Como sanador, tienes que cuidar de ti mismo. No puedes tener mala salud y esperar dar lo mejor de ti a alguien que está pasando por dificultades. Es como estar colgado de una cornisa con otra persona y esperar poder levantarla cuando tú también estás colgado. Como sanador, necesitas establecer límites claros y saludables. Ésta es la única manera en que puedes servir verdaderamente a los demás; por lo tanto, debes encontrar la manera de equilibrar tu pasión por ayudar a los demás con tu deseo de cuidar de ti mismo. No es nada fácil. Sin embargo, afortunadamente, puedes recurrir a cierto ser celestial cuya especialidad es ayudar a quienes trabajan como sanadores.

- **Encontrar un equilibrio entre el trabajo y la vida personal** es otra de las cosas a las que tendrás que enfrentarte como sanador. ¿Cómo equilibras tu trabajo y tu vida personal? Tu profesión es muy exigente. Las horas de trabajo suelen ser largas y agotadoras, los horarios son todo menos regulares y siempre tienes que estar disponible en caso de emergencia. Todo esto hace que te resulte increíblemente difícil prestar una buena cantidad de atención a las relaciones personales que tienes en tu vida y a otras aspiraciones que quieras cumplir.

- **Resiliencia emocional:** Parte de tu trabajo consiste en soportar el aluvión de emociones que sacudiría a cualquier otra persona si tuviera que enfrentarse a lo que tú haces. Debes encontrar la manera de afrontar los retos que se te presenten. Como es natural, el estrés está a la vuelta de la esquina, esperando a hundir sus tentáculos en tu mente y tu cuerpo. Y no sólo eso, sino que también tienes que hacer un gran esfuerzo emocional. Además de manejar tus emociones y asegurarte de que están bajo control, tienes que ayudar a tus pacientes para que no se sientan abrumados o desesperanzados por su situación. Por lo tanto, tienes que ser capaz de encontrar formas sanas de expresar y manejar tus emociones. De lo contrario, estarás manejando demasiado estrés emocional, lo que podría quemarte hasta el punto de que ya no seas útil para nadie y ni siquiera puedas ayudarte a ti mismo. Éstos son sólo algunos de los retos a los que se enfrentan los sanadores en su profesión. Afortunadamente, hay rituales, meditaciones y oraciones que puedes utilizar para cuidar tu salud emocional, física y espiritual, de modo que puedas ayudar a los demás a volver a estar al cien por cien.

Ritual para ser bendecido por la luz verde

Para este ritual, necesitarás una vela verde, un cristal de esmeralda y unas gotas de aceite de eucalipto.

Pasos:

1. En primer lugar, asegúrate de que estás en un lugar tranquilo y que no te molestarán ni perturbarán durante 10 o 15 minutos.
2. Coloca la vela verde en una superficie segura delante de ti y enciéndela. Si tienes un portavelas, utilízalo.
3. Cierra los ojos y respira profundamente. Deberías tener el cristal esmeralda en tus manos mientras respiras.
4. Imagina que te rodea una vibrante luz verde que fluye desde el cristal, la vela y el cielo. Siente la energía de esta luz mientras te envuelve.

5. Es el momento de afirmar que estás protegido mientras sanas a los demás. Puedes decir: *"Arcángel Rafael, confío en ti para que me mantengas a salvo mientras curo a los demás"*.
6. Coloca una gota de aceite de eucalipto en las palmas de las manos y frótalas. Inhala el aroma, imaginando rayos de luz verde que entran por tus fosas nasales hasta tus pulmones y se extienden por cada parte de tu cuerpo y de tu alma.
7. Acerca suavemente el cristal al chakra del corazón y siente cómo se funden sus energías.
8. Siéntate durante unos minutos y agradece, confiando en que el arcángel Rafael te mantendrá a salvo durante todo el día mientras sanas a los demás. Cuando estés preparado, abre los ojos.

Ritual del escudo

Para este ritual, necesitarás palo santo o salvia blanca, un cuenco pequeño y una pluma.

Pasos:

1. Ve a tu espacio sagrado y asegúrate de que está libre de distracciones y perturbaciones.
2. Enciende el palo santo o la salvia y colócalo en un quemador de incienso resistente al calor con mango. Déjalo arder, permitiendo que el humo se desplace hacia el techo.
3. Con la pluma y una mano, esparce el humo para que se mueva alrededor de tu cuerpo. Si te resulta útil, puedes mover el quemador de incienso mientras abanicas el humo hacia ti para limpiar tu aura. Debes moverte desde la parte superior de la cabeza hacia los pies. Ten cuidado cuando hagas esto.
4. Imagina que el humo limpia tu campo áurico de modo que todo lo que has absorbido de tu trabajo a lo largo del día se aleja de ti. Alternativamente, puedes hacer este ritual antes de ir a trabajar. En ese caso, imagina en cambio que el humo está fortificando tu aura, manteniéndola a salvo, creando un escudo que impide que tomes otras energías y emociones que no son puras y te hundirían.
5. Ahora, coloca la pluma en el cuenco. Eso significa que has creado con éxito tu escudo áurico y has limpiado tu aura.
6. Dile a Rafael que quieres que te proteja mientras haces tu trabajo y que mantenga tu aura lo más pura posible. Puedes repetir esto

hasta que empieces a sentir un cambio en la energía, indicando que él te ha escuchado.
7. Cuando estés listo, agradécele a Rafael por limpiarte y protegerte al crear tu escudo. Confía en que te ha escuchado y que hará todo lo que le has encomendado.

La cuadricula sanadora

Para este ritual, necesitarás un conjunto de cristales curativos. Puedes elegir cuarzo transparente, cuarzo rosa, amatista y esmeralda. No tienes que usarlos todos, pero puedes usar una combinación. También necesitarás un altar o una tela y un espacio tranquilo.

Pasos:
1. Coloca los cristales en tu altar o en una tela en tu espacio sagrado. Colócalos de manera que formen una cuadrícula.
2. Elige el mayor de tus cristales y deja que represente al arcángel Rafael en persona. Este cristal debe ir en el centro de tu cuadrícula.
3. Ponte de pie ante tu cuadrícula o si lo prefieres siéntate cómodamente. Cierra los ojos, separa ligeramente los labios y haz algunas respiraciones centradas que te lleven al momento presente.
4. En tu mente, ve la energía sanadora que fluye desde el arcángel Rafael hacia el cristal que has colocado en el centro de tu rejilla.
5. Una vez que este cristal en el centro esté completamente cargado con la energía esmeralda de Rafael, ve cómo la energía fluye hacia los otros cristales de la rejilla.
6. Ahora es el momento de rezarle a Rafael. Pídele que te apoye en tu trabajo de sanación. Dile que te guíe siempre que te sientas perdido sobre qué hacer para ayudar a un paciente. También, pídele que te cure cuando inevitablemente recojas otras energías que puedan deprimirte o afectarte de alguna manera.
7. Siéntate en meditación silenciosa con tu cuadrícula. Con el ojo de tu mente, imagina que todos los cristales están ahora conectados con una luz esmeralda. Esta luz arde cada vez con más intensidad y luego irradia directamente hacia tu chakra del corazón. Desde allí, irradia hacia el exterior, extendiéndose hasta las palmas de tus manos. Siente la energía a medida que arde en tus palmas y se

mueve desde allí hacia el resto de tu cuerpo.
8. Da las gracias a Rafael por ayudarte. Como los cristales también tienen su propia conciencia, debes darles las gracias por participar en este ritual y ayudarte en tu buen trabajo.
9. Cuando estés preparado, abre los ojos y vuelve al momento presente. Ahora puedes desmontar tu cuadrícula de cristales y limpiar las piedras para que estén listas para su uso la próxima vez que montes una cuadrícula.

Oración del Sanador

"Querido Rafael, tú eres el verdadero sanador.
Tú eres mi ayudante; tú eres mi guía.
Busco ahora tu poder puro,
Tu sabiduría, fuerza, y todas tus curas.
Te pido que me mantengas a salvo,
Y en tu luz sanadora, me baño.
Mantenme fuerte y sano de mente y cuerpo,
Que tu amor y gracia yo pueda encarnar.
A través de estas manos, cura y restaura,
Para que mis pacientes vuelvan a ser los de antes.
Por las oraciones respondidas, te doy las gracias,
Ahora ayúdame a ser un recipiente verdadero".

Oración de protección

"Rafael, tú eres poder y fuerza.
Lléname ahora con tu hermosa luz.
Mis manos y mi corazón son tuyos,
Para sanar todas las heridas y llagas.
Que tu energía verde fluya a través de mí
Para restaurar, para hacer todo, para hacer saludable.
Envuélveme en el abrazo de tu ala,
Para que la mala energía no deje rastro
Sobre mi cuerpo y mi alma, por tu gracia,
Mientras tomo este espacio curativo".

Meditación de restauración

1. Siéntate en un lugar cómodo y tranquilo.
2. Cierra los ojos y respira profundamente.
3. Imagina la luz de Rafael a tu alrededor. Cada vez que inhales, respira la luz verde. Al exhalar, expulsa todas las energías negativas que has acumulado a lo largo del día. Imagina esta energía, estrés y tensión como una negrura sobre tus hombros.
4. Con cada exhalación, mueve la energía oscura desde tus hombros hacia abajo, hacia el centro de tu corazón y hacia el mundo, donde se disipa.
5. Continúe respirando de esta manera, tomando la luz verde y exhalando la energía oscura hasta que se sienta completamente limpio y claro. Ya no ve ninguna oscuridad revoloteando a su alrededor.
6. Es el momento de darle las gracias al arcángel Rafael por liberarte de la carga y la negatividad que has recogido a lo largo del día.
7. Cuando estés preparado y completamente restablecido, puedes salir de la meditación.

Ahora ya sabes cómo trabajar con el arcángel Rafael para que puedas realizar eficazmente tu trabajo como sanador. El siguiente capítulo trata de cómo incluso los músicos, artistas y otros creativos pueden trabajar con este arcángel para mejorar su trabajo y aprovechar un flujo constante e interminable de creatividad e inspiración.

Capítulo nueve: Rituales creativos

Este capítulo final es para los aspirantes a músicos, artistas y todas las personas creativas. ¿Sabías que el arcángel Rafael está también relacionado con la creatividad? Este arcángel no sólo cura y cambia tu vida, sino que también puede ayudarte a aprovechar tu creatividad innata. Puedes trabajar con él para aprovechar tus energías artísticas y crear un trabajo superior a cualquier otra cosa que hayas hecho antes.

La creatividad te cura

Lo increíble de ser creativo es que puedes aprovechar la oportunidad para sanarte. Como persona creativa, tienes un impulso interior de hacer y crear cosas. No te conformas con consumir el trabajo de otras personas. Si no te tomas tu tiempo para crear cosas, puede resultarte muy pesado. De hecho, muchas personas se sienten constantemente empantanadas porque no expresan habitualmente esta creatividad. No se dan cuenta de que llevarían una vida mucho más feliz si practicaran la creación constante.

Rafel puede inspirarte

El arcángel Rafael puede guiarle para encontrar la raíz de la inspiración divina. Tiene una forma intuitiva de empujarte hacia las ideas creativas que yacen en tu interior, aún sin explotar ni expresar. Este arcángel puede conectar con los corazones y las mentes de varios creativos como músicos, escritores, artistas y muchos más. De hecho, puedes aprovechar la inspiración y la creatividad de tus habilidades innatas y la creatividad de los grandes que han fallecido en cualquier campo de la expresión creativa. En otras palabras, con la ayuda del arcángel Rafael, puedes canalizar la creatividad de Van Gogh si eres pintor o de Sylvia Plath si eres escritor, y así sucesivamente. Rafael puede actuar como un conducto para que puedas canalizar su energía en tu trabajo, convirtiéndolo en algo nuevo a partir de algo aparentemente prestado.

Elimina los Bloqueos Creativos con Rafael

Cuando practicas invocar al arcángel Rafael antes de comenzar cualquier trabajo creativo, te encontrarás cada vez más alineado con su energía, lo que significa que a veces, puede que ni siquiera tengas que invocarlo antes de que empieces a recibir un torrente de ideas creativas. Muchos no saben qué crear porque no se sienten inspirados. Imagina tener el problema contrario, en el que tienes muchas ideas y no ves la hora de empezar. ¡Si tan sólo tuvieras suficientes manos o un clon! Esto es lo que el arcángel Rafael puede hacer por ti.

El arcángel Rafael puede ayudar a liberar bloqueos creativos[12]

Por lo tanto, si alguna vez has tenido que enfrentarte a bloqueos creativos que te impiden expresar tu verdadero yo artístico, sabes lo frustrante que puede llegar a ser. Eso puede ser increíblemente paralizante, y si permites que continúe durante el tiempo suficiente, llegará un punto en el que sentirás que no puedes hacer lo que realmente quieres. No necesitas esperar a que las cosas se pongan tan mal para restaurar el flujo de creatividad. Puedes trabajar con el arcángel Rafael; él siempre está más que encantado de ayudarte a romper cualquier barrera que afecte a tu creatividad.

Nunca subestime los rituales

Una forma poderosa de conectar con la creatividad y la inspiración del arcángel Rafael es utilizando rituales. Cuando conviertes los rituales en parte de tu proceso creativo, atraes la energía de Rafael para que se infunda en tu trabajo y te impulse a pensar con originalidad. Estos rituales requieren elementos como aceites esenciales, cristales, velas y ciertos colores, todos los cuales deben alinearse con las energías de la creatividad y del arcángel Rafael. Como artista, tienes derecho a personalizar el ritual para que coincida con lo que eres. Cuando haces un ritual, naturalmente debes establecer una intención. El proceso de establecer una intención actúa como una fuerza magnética que atrae los deseos que tienes. En este caso, deseas la capacidad de expresarte creativa y libremente.

Formar equipo con Rafael

No hay razón para que, como artista, trabajes solo. Lo encontrarás más productivo cuando tengas al arcángel Rafael como compañero. Como artista, recibirás un apoyo que nadie más podría igualar. Te sentirás divinamente inspirado. De hecho, canalizarás directamente el trabajo creativo que tienes en mente en lugar de pensarlo demasiado. Trabajar con Rafael será como si recibieras mensajes y simplemente los expresaras a través de tu arte.

Creatividad en espacios no creativos

Por alguna razón, cuando se habla de creatividad, la gente sólo piensa en música, arte, danza, etc. Sin embargo, todos los aspectos de la vida implican creatividad. En otras palabras, puede que no pienses que la creatividad está implicada en el proceso de, digamos, pagar tus impuestos. Pero hay creatividad en todo lo que haces.

Tanto si estás tratando de cocinar una comida como de idear una solución a un problema o conflicto que se te presenta, necesitas creatividad. Puedes recurrir al arcángel Rafael siempre que te sientas desconcertado. A menudo es una buena práctica preguntarte cómo puedes hacer mejor y más rápido las cosas que ya haces. Siempre que te sientas atascado respondiendo a estas preguntas, puedes preguntárselo fácilmente a Rafael y confiar en que recibirás una respuesta. Los humanos están aquí para experimentar la vida y evolucionar mientras lo hacen. Evolucionar significa encontrar mejores formas de expresar quién eres. Por lo tanto, la creatividad es una parte inherente del ser humano, y tienes derecho a pedir ayuda divina para descubrir nuevas y mejores formas de expresar tu auténtico yo superior.

Por lo tanto, no asumas que este capítulo es sólo para artistas. Es para todos. Porque, te guste o no, no puedes divorciarte de la creatividad. La creatividad es una parte inherente de ti y de cómo te expresas en este planeta. Si tienes curiosidad por saber cómo despertar o potenciar tu creatividad interior, los siguientes rituales serán un buen punto de partida.

Ritual del flujo creativo

El objetivo de este ritual es ayudarte a ser más creativo.

1. En primer lugar, entra en tu espacio sagrado. Debe estar libre de perturbaciones y distracciones durante al menos 10 minutos.
2. Enciende una vela verde. Esto representa el poder creativo del arcángel Rafael.
3. Cierra los ojos y respira profundamente. Debes inhalar con la nariz y exhalar por la boca.
4. Cuando te sientas enraizado, es el momento de invocar la presencia de Rafael. Todo lo que tienes que hacer es decir: *"Rafael, ahora busco tu ayuda y guía. Por favor, inspírame y da vida a mi creatividad con tu poder"*.
5. Con los ojos de tu mente, imagina que estás en el espacio exterior. Imagina que tiene un tono verdoso oscuro y hermoso. Mírate rodeado de hermosas estrellas vibrantes, con algunas brillando de un precioso verde que recuerda al color característico de Rafael.
6. Ahora, imagina que todas las estrellas a tu alrededor comienzan a emitir una potente y hermosa luz verde luminiscente. Deja que esta luz te envuelva de pies a cabeza. Siéntela entrar por la parte superior de tu cabeza y fluir hasta los dedos de los pies. Esta luz es portadora de nuevas ideas, innovaciones creativas y arte maravilloso que puedes expresar.
7. Sumérgete en esta luz todo el tiempo que quieras, dejando que te recargue. Siéntete emocionado al darte cuenta de que pronto crearás un trabajo fantástico.
8. Cuando estés preparado, abre los ojos y agradece al arcángel Rafael que haya prestado su energía a este ritual.
9. Ahora es el momento de realizar tu trabajo creativo, ya sea escribir, pintar o intentar idear una solución a un problema.

Necesitas mantener la confianza y la expectación mientras haces tu trabajo porque esto permitirá que la creatividad fluya aún mejor que si tuvieras dudas sobre si el ritual funcionó.

Ritual para eliminar el bloqueo creativo

Este ritual está pensado para ayudarte a eliminar los bloqueos creativos que te impiden expresarte de forma creativa.

1. Primero, toma un trozo de papel, un rotulador verde o si lo prefieres, un bolígrafo. También necesitarás un cuenco con agua.
2. Asegúrate de que estás en tu espacio sagrado y de que no vas a distraerte durante los próximos 15 minutos.
3. Cierra los ojos. Separa los labios. Inspira por la nariz y espira por la boca.
4. Cuando te sientas con los pies en la tierra, abre los ojos y escribe exactamente cómo te sientes bloqueado. Escribe todas tus preocupaciones, incluidos tus miedos sobre si serás capaz o no de crear algo. Es importante que te muestres lo más vulnerable posible. Nadie más leerá esto, así que sé honesto contigo mismo y con el arcángel Rafael.
5. Cuando lo tengas todo escrito, es el momento de que trabajes con la luz de Rafael. Sostén el papel con ambas manos e imagina que la luz verde esmeralda de Rafael comienza a rodearte.
6. Dile a Rafael que estás recurriendo a su energía para que te ayude a destruir y borrar los bloqueos creativos que te han mantenido atascado durante un tiempo. Es importante que le digas que te entregas verdadera y completamente a él y que confías en que te ayudará a superar fácilmente tus obstáculos.
7. Toma el papel y sumérgelo en el cuenco de agua. Esto representa que has liberado esos bloqueos y que las energías negativas y rancias que te impedían expresar tu creatividad han desaparecido.
8. Mientras observas cómo se disuelve el papel, imagina que puedes ver la energía oscura y turbia de los bloqueos que también se disipa a medida que el papel se disuelve en pedazos. En el ojo de tu mente, ve la energía oscura que una vez fue tu bloqueo creativo convirtiéndose en energía esmeralda. Imagina que esta energía verde esmeralda fluye hacia tu corazón, tu tercer ojo y los chakras coronarios.

9. Tómate un tiempo para pensar en cómo te sientes ahora de libre. Acepta que, con el tiempo, las ideas empezarán a fluir de nuevo.
10. Agradécele a Rafael su ayuda.

Ritual de inspiración sagrada

El objetivo de este ritual es permitirte conectar directamente con la divinidad para experimentar su inspiración. Se trata de conectar tu esencia con la energía sagrada.

1. En tu espacio sagrado, rodéate de cosas que signifiquen mucho para ti en relación con tu trabajo creativo. También puedes tener cristales, incienso y otros objetos que te importen.
2. Enciende una vela blanca o verde para representar la presencia y el poder del arcángel Rafael.
3. Cierra los ojos, separa ligeramente los labios y realiza unas cuantas respiraciones profundas y enraizadas hasta que te sientas plenamente presente.
4. Ahora, invoca la presencia de Rafael diciendo: *"Rafael, te busco ahora. Por favor, abre tu fuente de inspiración divina y deja que fluya hacia mí y a través de mí. Cedo mi cuerpo, mente y espíritu para permitir la expresión de esta creatividad infinita, divina y sagrada".*
5. Continúa respirando profundamente y, con los ojos de tu mente, imagina que un haz de luz dorada desciende del cielo y atraviesa la parte superior de tu cabeza hasta la planta de tus pies. Deja que la cálida luz dorada te envuelva. Siente cómo te carga y te rejuvenece. Esta es una luz de inspiración divina que has hecho que Rafael canalice a través de ti.
6. Mientras te sientas a disfrutar de esta luz, abre tu mente a la idea de recibir guía divina.
7. Cuando te sientas preparado, abre los ojos y empieza a trabajar en tus proyectos creativos. Deja que la energía de Rafael fluya a través de ti. Deja ir la necesidad de ser perfecto o de expresar las cosas de una manera particular. En su lugar, confía en que estás siendo guiado divinamente y que cada error aparente es parte del diseño divino.

8. Cuando termines tu trabajo, agradécele a Rafael que esté contigo.

Cómo crear tu sello

Puedes crear tu propio sello para ayudarte en tu proceso creativo.

1. Lo primero que harás será reunir tus materiales. Necesitarás rotuladores, bolígrafos o lápices de colores, un trozo de papel, una vela verde y cualquier otra cosa que tengas y que puedas utilizar, como pegatinas, purpurina y símbolos que te interesen.
2. Lo siguiente que debes hacer es preparar tu espacio sagrado. Como siempre, debe estar libre de distracciones para que puedas concentrarte.
3. Ahora, enciende una vela verde. Esta vela representa la energía de Rafael que va a sentir tu creatividad.
4. Cierra los ojos, separa ligeramente los labios, inhala profundamente por la nariz y exhala por la boca. Continúa respirando de esta manera hasta que te sientas centrado y tranquilo.
5. Ahora, invoca al arcángel Rafael. Puedes hacerlo simplemente diciendo que te gustaría que apareciera o pronunciando repetidamente su nombre. Puedes cantarlo en voz alta o en silencio en tu mente.
6. Cuando sientas la presencia de Rafael, di: *"Busco tu ayuda para potenciar mi creatividad. Me encantaría trabajar con su energía para ser más expresivo en mi arte"*.
7. Ahora, tómate un tiempo e impregna tu mente con tu intención. Piensa en lo que esperas lograr a través de tu creatividad. Piensa en lo que quieres expresar utilizando tu arte. Y cuando lo tengas claro, di en voz alta cuál es tu intención para el sello. Tu intención podría ser: *"Ahora soy un recipiente para la creatividad divina"* o *"Tengo un flujo abundante de ideas creativas"*.
8. Ahora vas a diseñar el sello. En primer lugar, debes permitir que tu intuición te guíe a lo largo del proceso. En otras palabras, cuando pongas la mano sobre el papel y empieces a escribir o dibujar, debes confiar en que los símbolos o formas que estás creando provienen de un lugar muy, muy profundo dentro de ti. Estás divinamente inspirado. Mientras dibujas, imagina que la luz verde esmeralda fluye desde tus manos hacia el material de dibujo

y hacia el dibujo mismo. Cuando termines, expresa tu intención en voz alta. Podrías decir: *"Con este sello, declaro que tengo abundancia de ideas creativas y divinamente inspiradas. Este sello me sirve de recordatorio de esta verdad".*

9. El siguiente paso es infundir el sello con tu energía. Coloca el sello donde puedas verlo, siéntate y míralo fijamente mientras meditas. Deja que tu intención se funda con él. Imagina que el sello brilla con la hermosa luz esmeralda de Rafael. Este sello será el que utilices para manifestar tus objetivos artísticos.

10. Ahora que has activado tu sello, es el momento de finalizarlo. Intenta que cada vez que mires tu sello, se active. Ten la intención de que, cuando esté activo, atraerá tu creatividad con facilidad y fluidez. Si lo deseas, puedes plastificar o enmarcar este sello y exponerlo en algún lugar donde puedas verlo todos los días. También puedes convertirlo en el fondo de pantalla de tu teléfono.

11. Al final de este ritual, debes agradecerle a Rafael por darte su poder, apoyo y guía durante todo el proceso. Dale las gracias por la inspiración y la creatividad que ahora es tuya.

12. Por último, es el momento de utilizar tu sello. Puedes mirarlo siempre que sientas que estás bloqueado o siempre que estés a punto de empezar algún trabajo creativo. Cada vez que lo mires, lo único que tienes que hacer es reafirmar tu intención y visualizar cómo te sentirías después de haber creado una obra magnífica.

Conclusión

Has llegado al final de este libro, pero esto es sólo el principio. Una vez que pongas en práctica todo lo que has aprendido, tu vida finalmente se transformará en algo mejor. Has descubierto los profundos beneficios de desarrollar una relación con el arcángel Rafael. Has aprendido que él puede ayudarte con tus relaciones, tu salud o a expresar tu creatividad.

Ha aprendido que el arcángel Rafael no tiene rival cuando se trata de sanación. Puede restaurar la armonía con la que naciste en tu cuerpo, mente y espíritu. Puede devolverte el equilibrio al que estabas acostumbrado de niño antes de que la vida empezara a pasarte factura.

En este libro, has aprendido sobre varias modalidades de curación, como el trabajo con la visualización, la meditación, el Reiki y las bolsas de mojo de cristal. También has aprendido a llevar la energía de Rafael dondequiera que vayas para que nunca te sientas agotado mientras ayudas a otros a sanar.

En lo que respecta a las relaciones, has descubierto que este ser celestial tiene el poder de ayudarte a reparar lo que esté roto. Como ser lleno de compasión y amor, puede ver a través del corazón de lo que sea que puedas estar luchando con respecto a las relaciones y arreglar los problemas que causan una ruptura entre tú y tu pareja. Además, si no tienes pareja, este ser es un excelente celestino y sabe exactamente quién encajaría bien contigo. Gracias al apoyo de Rafael, puedes mantenerte en la relación, independientemente de lo difícil que sea o del tipo de traumas que tengas de relaciones anteriores, sabiendo perfectamente que puedes superarlos y alcanzar el éxito con tu pareja.

En cuanto a la creatividad, ahora sabes que Rafael puede darte acceso a la inspiración divina. Sabes que no existen los bloqueos creativos cuando tu inspiración es divina. Comprendes que tienes un potencial creativo ilimitado, y la ayuda del arcángel Rafael es justo lo que necesitas para abrir la puerta a la grandeza que llevas dentro, la que tú y sólo tú puedes expresar.

Rafael es muy benevolente y puede ayudarte a romper las limitaciones de tu mente que te impiden darte cuenta de lo creativo que eres. Puedes llevar tu trabajo creativo al siguiente nivel trabajando con rituales y meditaciones.

Sin embargo, tienes que entender que no basta con que sepas cómo trabajar con Rafael. Tienes que tomar esta información y ponerla en práctica. Esa es la única manera de aprovechar la sabiduría, la guía y la presencia de Rafael. Es así como consigues resultados que cambian tu vida para siempre. Debes poner en práctica lo que has aprendido para estar constantemente alineado con la vibración sanadora de Rafael.

Cuando practiques comprometerte con Rafael diariamente, encontrarás mejoras en tu salud más allá de cualquier cosa que hayas creído posible. Básicamente, ¡te sentirás como un niño otra vez!

Finalmente, necesitas entender que no desarrollas tu relación con Rafael leyendo, sino acercándote a él con sinceridad y vulnerabilidad. Tendrás que rendirte completamente a él y confiar en que no sólo está presente en tu vida, sino que está trabajando activamente para ayudarte de todas las maneras que sabe. Todo lo que tienes que hacer es abrir tu corazón para aceptar su amor, guía y energía sanadora para experimentar una vida tocada por la divinidad.

Hoja de correspondencias

La siguiente es una hoja de correspondencias que puedes utilizar siempre que intentes idear formas creativas de interactuar con el arcángel Rafael o elaborar tus propias meditaciones, oraciones y rituales.

Día de la semana - Miércoles

Hora del día - de 10:00 a. m. a 11:00 a. m.

Celebración - 14 de febrero, también conocida como la Fiesta del Arcángel Rafael

Signo del zodiaco - Virgo, Géminis

Planetas - Mercurio, Urano

Numero angelical - 3

Dirección - Este

Elemento - Aire

Color - Verde

Sello - El Caduceo

Hierbas, aceites, plantas y árboles - Menta, eucalipto, manzanilla, lavanda y romero

Cristales - Peridoto, aventurina verde, malaquita, esmeralda

Metal - Cobre, mercurio

Animales - Ciervos, palomas, pavos reales, peces

Carta del tarot - Los amantes

Nota musical - F

Chakra - Corazón
Incienso - Lavanda, incienso
Planeta sanador - Tierra
Herramienta simbólica - Báculo de sanación
Casa astrológica - 6ª casa (La Casa de la Salud y el Bienestar)
Virtud - Compasión
Geometría sagrada - Flor de la vida
Metales - Platino, plata
Estación - Primavera
Instrumento musical - Flauta, arpa
Sistema corporal - Sistema respiratorio
Esencia de gemas - Cuarzo rosa
Ser elemental - Sílfides (espíritus del aire)
Frecuencia de energía - 528 Hz (La frecuencia milagrosa)
Rosario - Cuentas de cuarzo rosa o cuentas de aventurina verde

Vea más libros escritos por Mari Silva

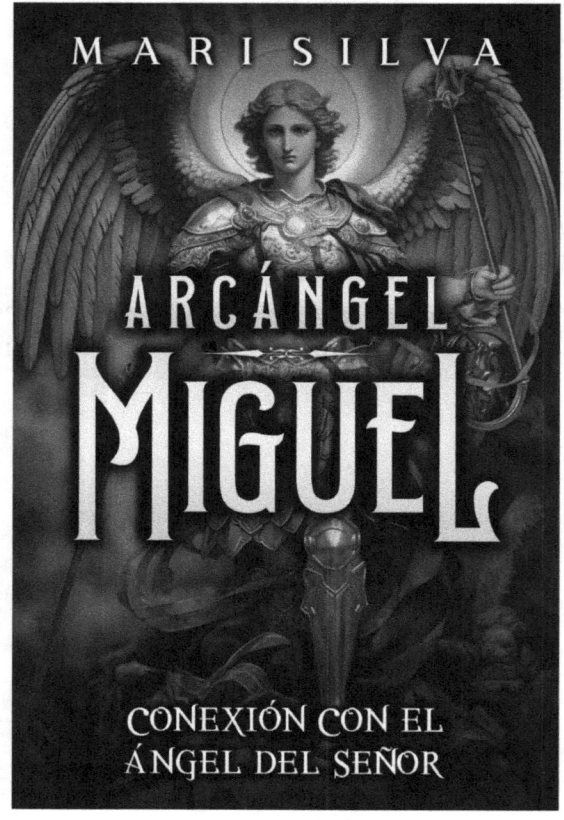

Su regalo gratuito

¡Gracias por descargar este libro! Si desea aprender más acerca de varios temas de espiritualidad, entonces únase a la comunidad de Mari Silva y obtenga el MP3 de meditación guiada para despertar su tercer ojo. Este MP3 de meditación guiada está diseñado para abrir y fortalecer el tercer ojo para que pueda experimentar un estado superior de conciencia.

https://livetolearn.lpages.co/mari-silva-third-eye-meditation-mp3-spanish/

¡O escanee el código QR!

Referencias

Barker, M. (2006). The Angel Raphael in the Book of Tobit. In M. Bredin (Ed.), Studies in the Book of Tobit. A&C Black.

Barnes, W. H. (1993). Archangels. In M. D. Coogan & B. M. Metzger (Eds.), The Oxford Companion to the Bible. Oxford University Press.

Coogan, M. D. (1993). Raphael. In M. D. Coogan & B. M. Metzger (Eds.), The Oxford Companion to the Bible. Oxford University Press.

Cresswell, J. (2011). Archangels. In J. Cresswell (Ed.), The Watkins Dictionary of Angels. Duncan Baird Publishers.

Cyr, M. D. (1987). The Archangel Raphael: Narrative Authority in Milton's War in Heaven. The Journal of Narrative Technique.

Esler, P. F. (2017). God's Court and Courtiers in the Book of the Watchers. Wipf and Stock Publishers.

Grabbe, L. (2003). Tobit. In J.D.G Dunn (Ed.), Eerdmans Commentary on the Bible. Eerdmans.

Grossman, M.L. (2011). Angels. In M.L Grossman (Ed.), The Oxford Dictionary of the Jewish Religion. Oxford University Press.

Laptas, M. (2016). Archangel Raphael as protector, demon tamer, guide, and healer. Some aspects of the Archangel's activities in Nubian painting. In Aegyptus et Nubia Christiana. The Wlodzimierz Godlewski jubilee volume on the occasion of his 70th birthday. Wydawnictwa Uniwersytetu Warszawskiego.

Lasota, M. (2003). Archangel Raphael. iUniverse.

LaSota, M., & Sternberg, H. (2007). Hope, help, healing with archangel Raphael and the angels. iUniverse.

Mach, M.(1999). Raphael.In K.Van der Toorn,B.Becking,& P.W.Van der Horst(Eds.), Dictionary of Deities and Demons in the Bible. Eerdmans.

Meier,S.A.(1999).Angel I.In K.Van der Toorn,B.Becking,& P.W.Van der Horst(Eds.), Dictionary of Deities and Demons in the Bible. Eerdmans.

Schaller,B.(1999).Enoch.In G.W.Bromiley(Ed.),The Encyclopedia of Christianity(Vol 2), Eerdmans.

Soll,W.(2000).Raphael.In D.N.Freedman&A.C.Myers(Eds.), Eerdmans Dictionary of the Bible. Eerdmans.

Van Henten,J.W.(1999).Archangel.In K.Van der Toorn,B.Becking,& P.W.Van der Horst(Eds.), Dictionary of Deities and Demons in the Bible. Eerdmans.

Virtue, D. (2011). Archangels 101: How to Connect Closely with Archangels Michael, Raphael, Gabriel, Uriel, and Others for Healing, Protection, and Guidance. Hay House Incorporated.

Virtue, D. (2010). The Healing Miracles of Archangel Raphael. Hay House, Inc.

Webster, R. (2012). Raphael: Communicating with the Archangel for Healing & Creativity. Llewellyn Worldwide

Fuentes de imágenes

[1] *https://pixabay.com/es/illustrations/arc%C3%A1ngel-rafael-arc%C3%A1ngel-angel-7964678/*

[2] *San Rafael Arcángel. Litografía en color. Rafael (Arcángel). Identificación de la obra: gza6qtuq, Creative Commons Attribution (CC BY 4.0) <https://creativecommons.org/licenses/by/4.0/> https://www.lookandlearn.com/history-images/YW032933VEL/Saint-Raphael-the-Archangel*

[3] *https://unsplash.com/photos/AsahNlC0VhQ*

[4] *https://unsplash.com/photos/ReEqHw2GyeI*

[5] *https://www.pexels.com/photo/grayscale-photo-of-feather-1320724/*

[6] *https://www.pexels.com/photo/man-and-woman-near-grass-field-1415131/*

[7] *https://pxhere.com/en/photo/910362*

[8] *https://unsplash.com/photos/r6_xcsNg0kw*

[9] *Stephen Buck The Reiki Sangha, CC BY-SA 2.0 <https://creativecommons.org/licenses/by-sa/2.0>, via Wikimedia Commons https://commons.wikimedia.org/wiki/File:Chokurei.jpg*

[10] *L orlando, CC BY-SA 4.0 <https://creativecommons.org/licenses/by-sa/4.0>, via Wikimedia Commons https://commons.wikimedia.org/wiki/File:Sei_He_Ki.jpg*

[11] *Stephen Buck The Reiki Sangha, CC BY-SA 4.0 <https://creativecommons.org/licenses/by-sa/4.0>, via Wikimedia Commons https://commons.wikimedia.org/wiki/File:Honshazeshonen.jpg*

[12] *https://unsplash.com/photos/yn7R3DLA-ik*

www.ingramcontent.com/pod-product-compliance
Lightning Source LLC
Chambersburg PA
CBHW072152200426
43209CB00052B/1148